Klemperer | Die Sprache des Dritten Reiches

[Was bedeutet das alles?]

Victor Klemperer

Die Sprache des Dritten Reiches

Beobachtungen und Reflexionen aus LTI

Ausgewählt und herausgegeben von Heinrich Detering

Reclam

5. Auflage

RECLAMS UNIVERSAL-BIBLIOTHEK Nr. 14065
2020 Philipp Reclam jun. Verlag GmbH,
Siemensstraße 32, 71254 Ditzingen
info@reclam.de
Gestaltung: Cornelia Feyll, Friedrich Forssman
Druck und Bindung: Esser printSolutions GmbH,
Untere Sonnenstraße 5, 84030 Ergolding
Printed in Germany 2025

ISBN 978-3-15-014065-9
reclam.de

Inhalt

Sprache
ist mehr als Blut
Franz Rosenzweig

Heroismus. Statt eines Vorwortes

Die Sprache des Dritten Reiches hat aus neuen Bedürfnissen heraus der distanzierenden Vorsilbe *ent* einigen Zuwachs zuteil werden lassen (wobei es jedesmal dahingestellt bleibt, ob es sich um völlige Neuschöpfung handelt oder um die Übernahme in Fachkreisen bereits bekannter Ausdrücke in die Sprache der Allgemeinheit). Fenster mußten vor der Fliegergefahr verdunkelt werden, und so ergab sich die tägliche Arbeit des Entdunkelns. Hausböden durften bei Dachbränden den Löschenden kein Gerümpel in den Weg stellen, sie wurden entrümpelt. Neue Nahrungsquellen mußten erschlossen werden: die bittere Roßkastanie wurde entbittert ...

Zur umfassenden Bezeichnung der notwendigsten Gegenwartsaufgabe hat man eine analog gebildete Wortform allgemein eingeführt: am Nazismus ist Deutschland fast zugrunde gegangen; das Bemühen, es von dieser tödlichen Krankheit zu heilen, nennt sich heute Entnazifizierung. Ich wünsche nicht und glaube auch nicht, daß das scheußliche Wort ein dauerndes Leben behält; es wird versinken und nur noch ein geschichtliches Dasein führen, sobald seine Gegenwartspflicht erfüllt ist.

Der zweite Weltkrieg hat uns mehrfach diesen Vorgang gezeigt, wie ein eben noch überlebendiger und scheinbar zu nie mehr ausrottbarer Existenz bestimmter Ausdruck plötzlich verstummt: er ist versunken mit der Lage, die ihn erzeugte, er wird später einmal Zeugnis von ihr ablegen wie eine Versteinerung. So ist es dem Blitzkrieg ergangen und dem ihm zugeordneten Adjektiv schlagartig, so den Vernichtungsschlachten und den dazugehörigen Einkesselungen, so auch dem »wandernden Kessel« – er bedarf schon heute der Kommentierung, daß es sich um den verzweifelten Rückzugsversuch eingekesselter Divisionen handelte –, so dem Nervenkrieg, so schließlich gar dem Endsieg. Der Landekopf[1] lebte vom Frühjahr bis zum Sommer 1944, er lebte noch, als er schon zu unförmlicher Größe angeschwollen war; aber dann, als Paris gefallen, als ganz Frankreich zum Landekopf geworden, dann war es plötzlich durchaus vorbei mit ihm, und erst im Geschichtsunterricht späterer Zeiten wird seine Versteinerung wieder auftauchen.

Und so wird es auch mit dem schwerstwiegenden Entscheidungswort unserer Übergangsepoche gehen: eines Tages wird das Wort Entnazifizierung versunken sein, weil der Zustand, den es beenden sollte, nicht mehr vorhanden ist.

Aber eine ganze Weile wird es bis dahin noch dauern, denn zu verschwinden hat ja nicht nur das nazistische Tun, sondern auch die nazistische Gesinnung, die nazistische Denkgewöhnung und ihr Nährboden: die Sprache des Nazismus.

Wie viele Begriffe und Gefühle hat sie geschändet und vergiftet! Am sogenannten Abendgymnasium der Dresdener Volkshochschule und in den Diskussionen, die der Kulturbund mit der Freien Deutschen Jugend veranstaltete,[2] ist mir oft und oft aufgefallen, wie die jungen Leute in aller Unschuld und bei aufrichtigem Bemühen, die Lücken und Irrtümer ihrer vernachlässigten Bildung auszufüllen, an den Gedankengängen des Nazismus festhalten. Sie wissen es gar nicht; der beibehaltene Sprachgebrauch der abgelaufenen Epoche verwirrt und verführt sie. Wir redeten über den Sinn der Kultur, der Humanität, der Demokratie, und ich hatte den Eindruck, es werde schon Licht, es kläre sich schon manches in den gutwilligen Köpfen – und dann, das lag ja so unvermeidlich nah, sprach irgend jemand von irgendeinem heldischen Verhalten oder einem heroischen Widerstand oder von Heroismus überhaupt. Im selben Augenblick, wo dieser Begriff im geringsten ins Spiel kam, war alle Klarheit verschwunden, und wir staken wieder tief im Gewölk des Nazismus. Und nicht nur die jungen Menschen, die eben aus dem Felde und der Gefangenschaft zurückgekehrt waren und sich nicht genug berücksichtigt, geschweige denn gefeiert sahen, nein, auch Mädchen, die keinen Heeresdienst getan hatten, waren völlig befangen in der fragwürdigsten Auffassung des Heldentums. Außer Frage stand dabei nur, daß man nun doch unmöglich ein wirklich richtiges Verhältnis zum Wesen der Humanität, der Kultur und der Demokratie haben konnte, wenn man derart über Heldentum dachte oder, genauer gesagt, an ihm vorbeidachte.

Aber in welchen Zusammenhängen war denn dieser Generation, die 1933 noch kaum über das Abc hinaus gewesen, das Wort heroisch mit seinem ganzen Sippenzubehör ausschließlich entgegengetreten? Darauf war vor allem zu antworten, daß es immer in Uniform gesteckt hatte, in drei verschiedenen Uniformen, aber nie in Zivil.

Wo Hitlers Kampfbuch[3] allgemeine Richtlinien der Erziehung aufstellt, da steht das Körperliche weitaus im Vordergrund. Er liebt den Ausdruck »körperliche Ertüchtigung«, den er dem Lexikon der Weimarischen Konservativen entnommen hat, er preist die Wilhelminische Armee als die einzige gesunde und lebenspendende Einrichtung eines im übrigen verfaulenden Volkskörpers, und er sieht im Heeresdienst vor allem oder ausschließlich eine Erziehung zu körperlicher Leistungsfähigkeit. Die Ausbildung des Charakters nimmt für Hitler ausdrücklich nur die zweite Stelle ein; nach seiner Meinung ergibt sie sich mehr oder minder von selber, wenn eben das Körperliche die Erziehung beherrscht und das Geistige zurückdrängt. An letzter Stelle aber, und nur widerwillig zugelassen und verdächtigt und geschmäht, steht in diesem pädagogischen Programm die Ausbildung des Intellekts und seine Versorgung mit Wissensstoff. In immer neuen Wendungen gibt sich die Angst vor dem denkenden Menschen, der Haß auf das Denken zu erkennen. Wenn Hitler von seinem Aufstieg, seinen ersten großen Versammlungserfolgen berichtet, dann rühmt er nicht weniger als die eigene Rednergabe die Kampftüchtigkeit seiner Ordnungsmänner, aus deren kleiner Gruppe sich bald die SA entwickelt. Die »braunen Sturmabteilungen«, deren Aufgabe eine rein brachiale ist, die über politische Gegner innerhalb der Versammlung herzufallen und sie aus dem Saal zu treiben haben: das sind seine eigentlichen Helfer im Ringen um das Herz des Volkes, das sind seine ersten Helden, die er als blutüberströmte Besieger feindlicher Übermacht, als die vorbildlichen

Heroen historischer Saalschlachten schildert. Und ähnliche Schilderungen und gleiche Gesinnung und gleiches Vokabular finden sich, wo Goebbels seinen Kampf um Berlin erzählt.[4] Nicht der Geist ist Sieger, es geht nicht ums Überzeugen, nicht einmal die Übertölpelung mit den Mitteln der Rhetorik bringt die letzte Entscheidung zugunsten der neuen Lehre, sondern das Heldentum der frühesten SA-Männer, der »alten Kämpfer«.

Wobei sich mir Hitlers und Goebbels' Berichte ergänzen durch die fachliche Unterscheidung unserer Freundin, die damals Assistenzärztin im Krankenhaus eines sächsischen Industrienestes war. »Wenn wir am Abend nach den Versammlungen die Verletzten hereinbekamen«, erzählte sie oft, »dann wußte ich sofort, welcher Partei jeder angehörte, auch wenn er schon ausgekleidet im Bett lag: die mit der Kopfwunde vom Bierseidel oder Stuhlbein waren Nazis, und die mit dem Stilettstich in der Lunge waren Kommunisten.« Im Punkte des Ruhms verhält es sich mit der SA wie mit der italienischen Literatur, beide Male fällt der höchste, nie wieder zu gleicher Intensität erstarkte Glanz auf die Anfänge.

Die zeitlich zweite Uniform, in der nazistisches Heldentum auftritt, ist die Vermummung des Rennfahrers, sind sein Sturzhelm, seine Brillenmaske, seine dicken Handschuhe. Der Nazismus hat alle Sportarten gepflegt, und rein sprachlich ist er von allen andern zusammen nicht derart beeinflußt wie vom Boxen; aber das einprägsamste und häufigste Bild des Heldentums liefert in der Mitte der dreißiger Jahre der Autorennfahrer: nach seinem Todessturz steht Bernd Rosemeyer eine Zeitlang fast gleichwertig mit Horst Wessel vor den Augen der Volksphantasie.[5] (Anmerkung für meine Hochschulkollegen: über wechselseitige Beziehungen zwischen Goebbels' Stil und dem Erinnerungsbuch der Fliegerin Elly Beinhorn: »Mein Mann, der Rennfahrer«[6] lassen sich die interessantesten Seminaruntersuchungen anstellen.) Eine Zeitlang sind die Sieger im internationalen Autorennen, hinter dem Lenkrad ihres Kampfwagens oder an ihn gelehnt oder auch unter ihm begraben, die meistphotographierten Tageshelden. Wenn der junge Mensch sein Heldenbild nicht von den muskelbeladenen nackten oder in SA-Uniform steckenden Kriegergestalten der Plakate und Denkmünzen dieser Tage abnimmt, dann gewiß von den Rennfahrern; gemeinsam ist beiden Heldenverkörperungen der starre Blick, in dem sich vorwärtsgerichtete harte Entschlossenheit und Eroberungswille ausdrücken.

An die Stelle des Rennkampfwagens tritt von 1939 an der Tank,[7] an die Stelle des Rennfahrers der Panzerfahrer. (So nannte der Landser nicht nur den Mann am Steuer, sondern auch die Panzergrenadiere.) Seit dem ersten Kriegstag und nun bis zum Untergang des Dritten Reichs trägt alles Heldentum zu Wasser, zu Lande und in der Luft militärische Uniform. Im ersten Weltkrieg gab es noch ein ziviles Heldentum hinter der Front. Wie lange gibt es jetzt noch ein Hinter-der-Front? Wie lange noch ein ziviles Dasein? Die Lehre vom totalen Krieg wendet sich fürchterlich gegen ihre Urheber: alles ist Kriegsschauplatz, in jeder Fabrik, in jedem Keller bewährt man militärisches Heldentum, sterben Kinder und Frauen und Greise genau den gleichen heroischen Schlachtentod, oft genug sogar in genau der gleichen Uniform, wie sich das sonst nur für junge Soldaten des Feldheeres schickte oder zustande bringen ließ.

Durch zwölf Jahre ist der Begriff und ist der Wortschatz des Heroischen in steigendem Maße und immer ausschließlicher auf kriegerischen Mut, auf verwegene todverachtende Haltung in irgendeiner Kampfhandlung angewandt worden. Nicht umsonst hat die Sprache des Nazismus das neue und seltene Adjektiv neuromantischer Ästheten: »kämpferisch« in allgemeinen Umlauf gesetzt und zu einem ihrer Lieblingsworte gemacht. Kriegerisch war zu eng, ließ nur an die Dinge des Krieges denken, war wohl auch zu offenherzig, verriet Streitlust und Eroberungssucht. Dagegen kämpferisch! Es bezeichnet in einer allgemeineren Weise die angespannte, in jeder Lebenslage auf Selbstbehauptung durch Abwehr und Angriff gerichtete, zu keinem Verzicht geneigte Haltung des Gemütes, des Willens. Der Mißbrauch, den man mit dem Kämpferischen getrieben hat, paßt genau zu dem übermäßigen Verschleiß an Heroismus bei schiefer und falscher Verwendung des Begriffes.

»Aber Sie tun uns wirklich Unrecht, Herr Professor! Uns – damit meine ich nicht die Nazis, ich bin keiner. Doch im Feld war ich, mit ein paar Unterbrechungen, die ganzen Jahre über. Ist es nicht natürlich, daß in Kriegszeiten besonders viel von Heldentum gesprochen wird? Und wieso muß es ein falsches Heldentum sein, das da an den Tag gelegt wird?«

»Zum Heldentum gehört nicht nur Mut und Aufsspielsetzen des eigenen Lebens. So etwas bringt jeder Raufbold und jeder Verbrecher auf. Der Heros ist ursprünglich ein Vollbringer menschheitsfördernder Taten. Ein Eroberungskrieg, und nun gar ein mit soviel Grausamkeit geführter wie der Hitlerische, hat nichts mit Heroismus zu tun.«

»Aber es hat doch unter meinen Kameraden so viele gegeben, die nicht an Grausamkeiten beteiligt und die der festen Überzeugung waren – man hatte es uns ja nie anders dargestellt –, daß wir, auch im Angreifen und Erobern, nur einen Verteidigungskrieg führten, und daß es auch zum Heil der Welt sein würde, wenn wir siegten. Die wahre Sachlage haben wir erst viel später und allzu spät erkannt ... Und glauben Sie nicht, daß auch im Sport wirkliches Heldentum entwickelt werden kann, daß eine Sportleistung in ihrer Vorbildlichkeit menschheitsfördernd zu wirken vermag?«

»Gewiß ist das möglich, und sicherlich hat es auch in Nazideutschland unter den Sportlern und den Soldaten gelegentlich wirkliche Helden gegeben. Nur im ganzen stehe ich dem Heldentum gerade dieser beiden Berufsgruppen skeptisch gegenüber. Es ist beides zu lautes, zu gewinnbringendes, die Eitelkeit zu sehr befriedigendes Heldentum, als daß es häufig echt sein könnte. Gewiß, diese Rennfahrer waren buchstäbliche Industrieritter, ihre halsbrecherischen Fahrten sollten den deutschen Fabriken und damit dem Vaterland zugute kommen, und vielleicht sollten sie sogar der Allgemeinheit Nutzen tragen, indem sie zur Vervollkommnung des Autobaus Erfahrungen beisteuerten. Aber es war doch soviel Eitelkeit, soviel Gladiatorengewinn im Spiel! Und was bei den Rennfahrern die Kränze und Preise, das sind bei den Soldaten die Orden und Beförderungen. Nein, ich glaube in den seltensten Fällen an Heroismus, wo er sich in aller Öffentlichkeit laut betätigt, und wo er sich im Fall des Erfolges gar zu gut bezahlt macht. Heroismus ist um so reiner und bedeutender, je stiller er ist, je weniger Publikum er hat, je weniger rentabel er für den Helden selber, je weniger dekorativ er ist. Was ich dem Heldenbegriff des Nazismus vorwerfe, ist gerade sein ständiges Gekettetsein an das Dekorative, ist das Prahlerische seines Auftretens. Ein anständiges, echtes Heldentum hat der Nazismus offiziell überhaupt nicht gekannt. Und dadurch hat er den ganzen Begriff verfälscht und in Mißkredit gebracht.«

»Sprechen Sie stilles und echtes Heldentum den Hitlerjahren überhaupt ab?«

»Den Hitlerjahren nicht – im Gegenteil, die haben reinsten Heroismus gezeitigt, aber auf der Gegenseite sozusagen. Ich denke an die vielen Tapferen in den KZ, an die vielen verwegenen Illegalen. Da waren die Todesgefahren, waren die Leiden noch ungleich größer als an den Fronten, und aller Glanz des Dekorativen fehlte so gänzlich! Es war nicht der vielgerühmte Tod auf dem ›Felde der Ehre‹, den man vor Augen hatte, sondern günstigstenfalls der Tod durch die Guillotine. Und doch – wenn auch das Dekorative fehlte und dieses Heldentum fraglos echt war, eine innere Stütze und Erleichterung haben diese Helden doch auch besessen: auch sie wußten sich die Angehörigen einer Armee, sie hatten den festen und wohlbegründeten Glauben an den schließlichen Sieg ihrer Sache, sie konnten den stolzen Glauben mit ins Grab nehmen, daß ihr Name irgendwann einmal um so ruhmreicher auferstehen werde, je schmachvoller man sie jetzt hinmordete.

Aber ich weiß von einem noch viel trostloseren, noch viel stilleren Heldentum, von einem Heroismus, dem jede Stütze der Gemeinsamkeit mit einem Heer, einer politischen Gruppe, dem jede Hoffnung auf künftigen Glanz durchaus abging, der ganz und gar auf sich allein gestellt war. Das waren die paar arischen Ehefrauen (allzu viele sind es nicht gewesen), die jedem Druck, sich von ihren jüdischen Ehemännern zu trennen, standgehalten hatten. Wie hat der Alltag dieser Frauen ausgesehen! Welche Beschimpfungen, Drohungen, Schläge, Bespuckungen haben sie erlitten, welche Entbehrungen, wenn sie die normale Knappheit ihrer Lebensmittelkarten mit ihren Männern teilten, die auf die unternormale Judenkarte gestellt waren, wo ihre arischen Fabrikkameraden die Zulagen der Schwerarbeiter erhielten. Welchen Lebenswillen mußten sie aufbringen, wenn sie krank lagen von all der Schmach und qualvollen Jämmerlichkeit, wenn die vielen Selbstmorde in ihrer Umgebung verlockend auf die ewige Ruhe vor der Gestapo hinwiesen! Sie wußten, ihr Tod werde den Mann unweigerlich hinter sich herzerren, denn der jüdische Ehegatte wurde von der noch warmen Leiche der arischen Frau weg ins mörderische Exil transportiert. Welcher Stoizismus, welch ein Aufwand an Selbstdisziplin war nötig, den Übermüdeten, Geschundenen, Verzweifelten immer wieder und wieder aufzurichten. Im Granatfeuer des Schlachtfeldes, im Schuttgeriesel des nachgebenden Bombenkellers, selbst im Anblick des Galgens gibt es noch die Wirkung eines pathetischen Moments, das stützend wirkt – aber in dem zermürbenden Ekel des schmutzigen Alltags, dem unabsehbar viele gleich schmutzige Alltage folgen werden, was hält da aufrecht? Und hier stark zu bleiben, so stark, daß man es dem andern immerfort predigen und es ihm immer wieder aufzwingen kann, die Stunde werde kommen, es sei Pflicht, sie zu erwarten, so stark zu bleiben, wo man ganz auf sich allein angewiesen ist in gruppenloser Vereinzelung, denn das Judenhaus[8] bildet keine Gruppe trotz seines gemeinsamen Feindes und Schicksals und trotz seiner Gruppensprache: das ist Heroismus über jeglichem Heldentum.

Nein: den Hitlerjahren hat es wahrhaftig nicht an Heldentum gefehlt, aber im eigentlichen Hitlerismus, in der Gemeinschaft der Hitlerianer hat es nur einen veräußerlichten, einen verzerrten und vergifteten Heroismus gegeben, man denkt an protzige Pokale und Ordensgeklingel, man denkt an geschwollene Worte der Beweihräucherung, man denkt an erbarmungsloses Morden ...«

Gehört die Sippe der Heldentumsworte in die LTI? Eigentlich ja, denn sie sind dicht gesät und charakterisieren überall spezifische Verlogenheit und Roheit des Nazistischen. Auch sind sie eng verknotet worden mit den Lobpreisungen der germanischen Auserwähltheit: alles Heroische war einzig der germanischen Rasse zugehörig. Und eigentlich nein; denn alle Verzerrungen und Veräußerlichungen haben dieser tönenden Wortsippe schon oft genug vor dem Dritten Reich angehaftet. So mag sie hier im Randgebiet des Vorworts erwähnt sein.

Eine Wendung freilich muß als spezifisch nazistisch gebucht werden. Schon um des Trostes willen, der von ihr ausging. Im Dezember 1941 kam Paul K. einmal strahlend von der Arbeit. Er hatte unterwegs den Heeresbericht gelesen. »Es geht ihnen miserabel in Afrika«, sagte er. Ob sie das wirklich zugäben, fragte ich – sie berichteten doch sonst immer nur von Siegen.

»Sie schreiben: ›Unsere heldenhaft kämpfenden Truppen.‹ Heldenhaft klingt wie Nachruf, verlassen Sie sich darauf.«

Seitdem hat heldenhaft in den Bulletins noch viele, viele Male wie Nachruf geklungen und niemals getäuscht.

Es gab den BDM und die HJ und die DAF und ungezählte andere solcher abkürzenden Bezeichnungen.[9]

Als parodierende Spielerei zuerst, gleich darauf als ein flüchtiger Notbehelf des Erinnerns, als eine Art Knoten im Taschentuch, und sehr bald und nun für all die Elendsjahre als eine Notwehr, als ein an mich selber gerichteter SOS-Ruf steht das Zeichen LTI in meinem Tagebuch. Ein schön gelehrtes Signum, wie ja das Dritte Reich von Zeit zu Zeit den volltönenden Fremdausdruck liebte: Garant klingt bedeutsamer als Bürge und diffamieren imposanter als schlechtmachen. (Vielleicht versteht es auch nicht jeder, und auf den wirkt es dann erst recht.)

LTI: Lingua Tertii Imperii, Sprache des Dritten Reichs. Ich habe so oft an eine Alt-Berliner Anekdote gedacht, wahrscheinlich stand sie in meinem schönillustrierten Glaßbrenner, dem Humoristen der Märzrevolution[10] – aber wo ist meine Bibliothek geblieben, in der ich nachsehen könnte? Ob es Zweck hätte, sich bei der Gestapo nach ihrem Verbleib zu erkundigen? ... »Vater«, fragt also ein Junge im Zirkus, »was macht denn der Mann auf dem Seil mit der Stange?« – »Dummer Junge, das ist eine Balancierstange, an der hält er sich fest.« – »Au, Vater, wenn er sie aber fallen läßt?« – »Dummer Junge, er hält ihr ja fest!«

Mein Tagebuch war in diesen Jahren immer wieder meine Balancierstange, ohne die ich hundertmal abgestürzt wäre. In den Stunden des Ekels und der Hoffnungslosigkeit, in der endlosen Öde mechanischster Fabrikarbeit, an Kranken- und Sterbebetten, an Gräbern, in eigener Bedrängnis, in Momenten äußerster Schmach, bei physisch versagendem Herzen – immer half mir diese Forderung an mich selber: beobachte, studiere, präge dir ein, was geschieht – morgen sieht es schon anders aus, morgen fühlst du es schon anders; halte fest, wie es eben jetzt sich kundgibt und wirkt. Und sehr bald verdichtete sich dann dieser Anruf, mich über die Situation zu stellen und die innere Freiheit zu bewahren, zu der immer wirksamen Geheimformel: LTI, LTI!

Selbst wenn ich, was nicht der Fall ist, die Absicht hätte, das ganze Tagebuch dieser Zeit mit all seinen Alltagserlebnissen zu veröffentlichen, würde ich ihm dieses Signum zum Titel geben.

Man könnte das metaphorisch nehmen. Denn ebenso wie es üblich ist, vom Gesicht einer Zeit, eines Landes zu reden, genau so wird der Ausdruck einer Epoche als ihre Sprache bezeichnet. Das Dritte Reich spricht mit einer schrecklichen Einheitlichkeit aus all seinen Lebensäußerungen und Hinterlassenschaften: aus der maßlosen Prahlerei seiner Prunkbauten und aus ihren Trümmern, aus dem Typ der Soldaten, der SA- und SS-Männer, die es als Idealgestalten auf immer andern und immer gleichen Plakaten fixierte, aus seinen Autobahnen und Massengräbern. Das alles ist Sprache des Dritten Reichs, und von alledem ist natürlich auch in diesen Blättern die Rede. Aber wenn man einen Beruf durch Jahrzehnte ausgeübt und sehr gern ausgeübt hat, dann ist man schließlich stärker durch ihn geprägt als durch alles andere, und so war es denn buchstäblich und im unübertragen philologischen Sinn die Sprache des Dritten Reichs, woran ich mich aufs engste klammerte, und was meine Balancierstange ausmachte über die Öde der zehn Fabrikstunden, die Greuel der Haussuchungen, Verhaftungen, Mißhandlungen usw. usw. hinweg.

Man zitiert immer wieder Talleyrands Satz, die Sprache sei dazu da, die Gedanken des Diplomaten (oder eines schlauen und fragwürdigen Menschen überhaupt) zu verbergen.[11] Aber genau das Gegenteil hiervon ist richtig. Was jemand willentlich verbergen will, sei es nur vor andern, sei es vor sich selber, auch was er unbewußt in sich trägt: die Sprache bringt es an den Tag. Das ist wohl auch der Sinn der Sentenz: *le style c'est l'homme*;[12] die Aussagen eines Menschen mögen verlogen sein – im Stil seiner Sprache liegt sein Wesen hüllenlos offen.

Das tägliche Sprachgift*

Nein, die stärkste Wirkung wurde nicht durch Einzelreden ausgeübt, auch nicht durch Artikel oder Flugblätter, durch Plakate oder Fahnen, sie wurde durch nichts erzielt, was man mit bewußtem Denken oder bewußtem Fühlen in sich aufnehmen mußte.

Sondern der Nazismus glitt in Fleisch und Blut der Menge über durch die Einzelworte, die Redewendungen, die Satzformen, die er ihr in millionenfachen Wiederholungen aufzwang, und die mechanisch und unbewußt übernommen wurden. Man pflegt das Schiller-Distichon von der »gebildeten Sprache, die für dich dichtet und denkt«,[13] rein ästhetisch und sozusagen harmlos aufzufassen. Ein gelungener Vers in einer »gebildeten Sprache« beweist noch nichts für die dichterische Kraft seines Finders; es ist nicht allzu schwer, sich in einer hochkultivierten Sprache das Air eines Dichters und Denkers zu geben.

Aber Sprache dichtet und denkt nicht nur für mich, sie lenkt auch mein Gefühl, sie steuert mein ganzes seelisches Wesen, je selbstverständlicher, je unbewußter ich mich ihr überlasse. Und wenn nun die gebildete Sprache aus giftigen Elementen gebildet oder zur Trägerin von Giftstoffen gemacht worden ist? Worte können sein wie winzige Arsendosen: sie werden unbemerkt verschluckt, sie scheinen keine Wirkung zu tun, und nach einiger Zeit ist die Giftwirkung doch da.

Freiheit zur Hasspredigt*

Die Republik gab Wort und Schrift geradezu selbstmörderisch frei; die Nationalsozialisten spotteten offen, sie nähmen nur die von der Verfassung gewährten Rechte für sich in Anspruch, wenn sie in ihren Büchern und Zeitungen den Staat in all seinen Einrichtungen und leitenden Gedanken mit allen Mitteln der Satire und der eifernden Predigt zügellos angriffen. Auf den Gebieten der Kunst und der Wissenschaft, der Ästhetik und der Philosophie gab es keinerlei Beschränkung. Niemand war an ein bestimmtes Dogma des Sittlichen oder des Schönen gebunden, jeder konnte frei wählen. Man rühmte diese vieltönige geistige Freiheit gern als einen ungemeinen und entscheidenden Fortschritt der kaiserlichen Epoche gegenüber.

Die Herrschaft und das Sprachgesetz*

In den späteren Jahren des Dritten Reichs bildete sich die Gewohnheit heraus, daß am Freitagabend im Berliner Rundfunk Goebbels' neuester »Reich«-Artikel[14] einen Tag vor Erscheinen des Blattes verlesen wurde, und damit war jedesmal bis zur nächsten Woche geistig fixiert, was in sämtlichen Blättern des nazistischen Machtbereichs zu stehen hatte. So waren es nur ganz wenige Einzelne, die der Gesamtheit das alleingültige Sprachmodell lieferten. Ja, im letzten war es vielleicht der einzige Goebbels, der die erlaubte Sprache bestimmte, denn er hatte vor Hitler nicht nur die Klarheit voraus, sondern auch die Regelmäßigkeit der Äußerung, zumal der Führer immer mehr verstummte, teils um zu schweigen wie die stumme Gottheit, teils weil er nichts Entscheidendes mehr zu sagen hatte; und was etwa Göring und Rosenberg[15] noch an eigenen Nuancen fanden, das wurde von dem Propagandaminister in sein Sprachgewebe eingewirkt.

Die absolute Herrschaft, die das Sprachgesetz der winzigen Gruppe, ja des einen Mannes ausübte, erstreckte sich über den gesamten deutschen Sprachraum mit um so entschiedenerer Wirksamkeit, als die LTI keinen Unterschied zwischen gesprochener und geschriebener Sprache kannte. Vielmehr: alles in ihr war Rede, mußte Anrede, Anruf, Aufpeitschung sein. Zwischen den Reden und den Aufsätzen des Propagandaministers gab es keinerlei stilistischen Unterschied, weswegen sich denn auch seine Aufsätze so bequem deklamieren ließen. Deklamieren heißt wörtlich: mit lauter Stimme, tönend daherreden, noch wörtlicher: herausschreien. Der für alle Welt verbindliche Stil war also der des marktschreierischen Agitators.

Und hier tut sich unter dem offen zutage liegenden Grund ein tieferer für die Armut der LTI auf. Sie war nicht nur deshalb arm, weil sich jedermann zwangsweise nach dem gleichen Vorbild zu richten hatte, sondern vor allem deshalb, weil sie in selbstgewählter Beschränkung durchweg nur eine Seite des menschlichen Wesens zum Ausdruck brachte.

Jede Sprache, die sich frei betätigen darf, dient allen menschlichen Bedürfnissen, sie dient der Vernunft wie dem Gefühl, sie ist Mitteilung und Gespräch, Selbstgespräch und Gebet, Bitte, Befehl und Beschwörung. Die LTI dient einzig der Beschwörung. In welches private oder öffentliche Gebiet auch immer das Thema gehört – nein, das ist falsch, die LTI kennt so wenig ein privates Gebiet im Unterschied vom öffentlichen, wie sie geschriebene und gesprochene Sprache unterscheidet –, alles ist Rede, und alles ist Öffentlichkeit. »Du bist nichts, dein Volk ist alles«, heißt eines ihrer Spruchbänder. Das bedeutet: du bist nie mit dir selbst, nie mit den Deinen allein, du stehst immer im Angesicht deines Volkes.

Januar bis Oktober 1933: Aus dem Tagebuch eines Sprachwandels*

21. März 1933. […] In Leipzig haben sie eine Kommission zur Nationalisierung der Universität eingesetzt. – Am Schwarzen Brett unserer Hochschule hängt ein langer Anschlag (er soll in allen andern deutschen Hochschulen ebenso aushängen): »Wenn der Jude deutsch schreibt, lügt er«; er solle künftig gezwungen sein, Bücher, die er in deutscher Sprache veröffentliche, als »Übersetzungen aus dem Hebräischen« zu bezeichnen. – Für den April war hier in Dresden der Psychologenkongreß angesagt. Der »Freiheitskampf« brachte einen Brandartikel: »Was ist aus Wilhelm Wundts Wissenschaft geworden?[16] … Welche Verjudung … Aufräumen!« Daraufhin ist der Kongreß abgesagt worden … »um Belästigungen einzelner Teilnehmer zu vermeiden«.

27. März. Neue Worte tauchen auf, oder alte Worte gewinnen neuen Spezialsinn, oder es bilden sich neue Zusammenstellungen, die rasch stereotyp erstarren. Die SA heißt jetzt in gehobener Sprache – und gehobene Sprache ist ständig *de rigueur*,[17] denn es schickt sich, begeistert zu sein – »das braune Heer«. Die Auslandsjuden, besonders die französischen, englischen und amerikanischen, heißen heute immer wieder die »Weltjuden«. Ebenso häufig wird der Ausdruck »Internationales Judentum« angewandt, und davon sollen wohl Weltjude und Weltjudentum die Verdeutschung bilden. Es ist eine ominöse Verdeutschung: in oder auf der Welt befinden sich die Juden also nur noch außerhalb Deutschlands? Und wo befinden sie sich innerhalb Deutschlands? – Die Weltjuden treiben »Greuelpropaganda« und verbreiten »Greuelmärchen«, und wenn wir hier im geringsten etwas von dem erzählen, was Tag für Tag geschieht, dann treiben eben wir Greuelpropaganda und werden dafür bestraft. Inzwischen bereitet sich der Boykott jüdischer Geschäfte und Ärzte vor. Die Unterscheidung zwischen »arisch« und »nichtarisch« beherrscht alles. Man könnte ein Lexikon der neuen Sprache anlegen.

In einem Spielzeugladen sah ich einen Kinderball, der mit dem Hakenkreuz bedruckt war. Ob solch ein Ball in dies Lexikon hineingehört?

(Bald danach kam ein Gesetz »zum Schutz der nationalen Symbole« heraus, das solchen Spielzeugschmuck und ähnlichen Unfug verbot, aber die Frage nach der Abgrenzung der LTI hat mich dauernd beschäftigt.)

10. April. Man ist »artfremd« bei fünfundzwanzig Prozent nichtarischen Blutes. »Im Zweifelsfalle entscheidet der Sachverständige für Rassenforschung.« [...]

17. Juni. Was ist Jan Kiepura eigentlich für ein Landsmann?[18] Neulich wurde ihm ein Konzert in Berlin verboten. Da war er der Jude Kiepura. Dann trat er in einem Film des Hugenbergkonzerns auf.[19] Da war er »der berühmte Tenor der Mailänder Scala«. Dann pfiff man in Prag sein deutsch gesungenes Lied »Heute nacht oder nie!« aus. Da war er der deutsche Sänger Kiepura.

(Daß er Pole war, erfuhr ich erst viel später.) [...]

28. Juli. Es hat eine Feier stattgefunden am Grabe der »Rathenaubeseitiger«.[20] Wieviel Mißachtung, wieviel Amoral oder betonte Herrenmoral steckt in dieser Substantivbildung, diesem Zum-Beruf-Erheben des Mordes. Und wie sicher muß man sich fühlen, wenn man solche Sprache führt! [...]

Gestern in der Wochenschau eine Tonfilmaufnahme; der Führer spricht einige Sätze vor großer Versammlung. Er ballt die Faust, er verzerrt das Gesicht, es ist weniger ein Reden als ein wildes Schreien, ein Wutausbruch: »Am 30. Januar haben sie (er meint natürlich die Juden) über mich gelacht – es soll ihnen vergehen, das Lachen ...!« Er scheint jetzt allmächtig, er ist es vielleicht; aber aus dieser

Aufnahme spricht in Ton und Gebärde geradezu ohnmächtige Wut. Und redet man denn immerfort, wie er das tut, von Jahrtausenddauer und vernichteten Gegnern, wenn man dieser Dauer und Vernichtung sicher ist? – Beinahe mit einem Hoffnungsschimmer bin ich aus dem Kino fortgegangen. [...]

19. *September.* Im Kino Szenen vom Nürnberger Parteitag. Hitler weiht durch Berührung mit der Blutfahne von 1923 neue SA-Standarten.[21] Bei jeder Berührung der Fahnentücher fällt ein Kanonenschuß. Wenn das nicht eine Mischung aus Theater- und Kirchenregie ist! Und ganz abgesehen von der Bühnenszene – schon allein der Name »Blutfahne«. »Würdige Brüder, schauet hier: Das blutige Märtyrtum erleiden wir!« Die gesamte nationalsozialistische Angelegenheit wird durch das eine Wort aus der politischen in die religiöse Sphäre gehoben. Und die Szene und das Wort wirken fraglos, die Leute sitzen andächtig hingegeben da – niemand niest oder hustet, nirgends knistert ein Brotpapier, nirgends hört man das Schmatzen beim Bonbonlutschen. Der Parteitag eine kultische Handlung, der Nationalsozialismus eine Religion – und ich will mir weismachen, er wurzele nur flach und locker?

10. *Oktober.* [...] Die philologischen Fachzeitschriften und die Zeitschrift des Hochschulverbandes bewegen sich derart im Jargon des Dritten Reichs, daß jede Seite buchstäblich Brechreiz verursacht. »Hitlers eiserner Besen« – »die Wissenschaft auf nationalsozialistischer Basis« – »der jüdische Geist« – »die Novemberlinge« (das sind die Revolutionäre von 1918). [...]

29. *Oktober.* [...] Ich frage mich, ob man die Worte Emigranten und Konzentrationslager in ein Lexikon der

Hitlersprache aufzunehmen hätte. Emigranten: das ist eine internationale Bezeichnung für die vor der Großen Französischen Revolution Geflohenen. Brandes nennt einen Band seiner europäischen Literaturgeschichte die Emigrantenliteratur.[22] Dann hat man von den Emigranten der russischen Revolution gesprochen. Und jetzt eben gibt es eine deutsche Emigrantengruppe – in ihrem Lager ist Deutschland! –, und »Emigrantenmentalität« ist ein beliebtes *mot savant*.[23] So wird also diesem Wort in Zukunft nicht unbedingt der Aasgeruch des Dritten Reichs anhaften. Dagegen Konzentrationslager. Ich habe das Wort nur als Junge gehört, und damals hatte es einen durchaus exotisch-kolonialen und ganz undeutschen Klang für mich: während des Burenkrieges war viel die Rede von den Compounds oder Konzentrationslagern, in denen die gefangenen Buren von den Engländern überwacht wurden.[24] Das Wort verschwand dann gänzlich aus dem deutschen Sprachgebrauch. Und jetzt bezeichnet es, plötzlich neu auftauchend, eine deutsche Institution, eine Friedenseinrichtung, die sich auf europäischem Boden gegen Deutsche richtet, eine dauernde Einrichtung und keine vorübergehende Kriegsmaßnahme gegen Feinde. Ich glaube, wo künftig das Wort Konzentrationslager fallen wird, da wird man an Hitlerdeutschland denken und nur an Hitlerdeutschland …

Ist es Kaltherzigkeit von mir und enge Schulmeisterei, daß ich mich immer wieder und immer mehr an die Philologie dieses Elends halte? Ich prüfe wirklich mein Gewissen. Nein; es ist Selbstbewahrung.

Fanatismus*

Fanatique und *fanatisme* sind Wörter, die von den französischen Aufklärern durchweg im äußersten Tadelssinn, und dies aus doppeltem Grund, angewandt werden. Ursprünglich – die Wurzel liegt in fanum, dem Heiligtum, dem Tempel – ist ein Fanatiker ein in religiöser Verzückung, in ekstatischen Krampfzuständen befindlicher Mensch. Da nun die Aufklärer gegen alles kämpfen, was zur Trübung oder Ausschaltung des Denkens führt, und da sie als Kirchenfeinde mit besonderer Erbitterung jeden religiösen Irrwahn befehden, so bedeutet ihrem Rationalismus der Fanatiker den eigentlichen Widerpart. Typus des *fanatique* ist ihnen Ravaillac, der eben aus religiösem Fanatismus den guten König Heinrich IV. ermordet.[25] Wirft man von der Gegenseite her den Aufklärern ihrerseits Fanatismus vor, so bestreiten sie das, weil ja doch ihr eigenes Eifern nur ein mit den Mitteln der Vernunft geführter Kampf gegen die Feinde der Vernunft sei. Wohin das Gedankengut der Aufklärung auch dringt, da überall wird mit dem Begriff des Fanatischen ein Gefühl der Abneigung, ein Tadel verbunden. [...]

So steht das Wort fanatisch im Deutschen unübersetzbar und unersetzbar da, und immer ist es als wertender Ausdruck mit starker Negation geladen, es bezeichnet eine bedrohliche und abstoßende Eigenschaft. Selbst wenn man gelegentlich im Nachruf auf einen Forscher oder Künstler die Floskel zu lesen bekommt, er sei ein Fanatiker seiner Wissenschaft oder Kunst gewesen, so schwingt doch in diesem Lobe immer die Feststellung eines stachligen Fürsichseins, einer peinlichen Unnahbarkeit mit. Niemals vor dem Dritten Reich wäre es jemandem eingefallen, fanatisch als ein positives Wertwort zu gebrauchen. Und so ganz unauslöschlich haftet der negative Wert an diesem Wort, daß sogar die LTI selber es bisweilen negierend gebraucht. Hitler spricht im Kampfbuch wegwerfend von »Objektivitätsfanatikern«. In einem Werk, das in der Glanzzeit des Dritten Reiches erschien, und dessen Stil eine unablässige Aneinanderreihung nazistischer Sprachklischees ist, in Erich Gritzbachs hymnischer Monographie: »Hermann Göring, Werk und Mensch«,[26] heißt es von dem verhaßten Kommunismus, es habe sich gezeigt, wie diese Irrlehre die Menschen zu Fanatikern erziehen könne. Aber hier ist das nun schon eine fast komische Entgleisung, ein ganz unmöglicher Rückfall in den Sprachgebrauch früherer Zeiten, wie er denn freilich in vereinzelten Fällen sogar dem Meister der LTI widerfährt; ist doch bei Goebbels noch im Dezember 1944 (wohl in Anlehnung an die zitierte Hitlerstelle) die Rede von dem »wirrköpfigen Fanatismus einiger unbelehrbarer Deutscher«.

Ich nenne derartiges einen komischen Rückfall; denn da der Nationalsozialismus auf Fanatismus gegründet ist und mit allen Mitteln die Erziehung zum Fanatismus betreibt, so ist fanatisch während der gesamten Ära des Dritten Reiches ein superlativisch anerkennendes Beiwort gewesen. Es bedeutete die Übersteigerung der Begriffe tapfer, hingebungsvoll, beharrlich, genauer: eine glorios verschmelzende Gesamtaussage all dieser Tugenden, und selbst der leiseste pejorative Nebensinn fiel im üblichen LTI-Gebrauch des Wortes fort. An Festtagen, an Hitlers Geburtstag etwa oder am Tag der Machtübernahme, gab es keinen Zeitungsartikel, keinen Glückwunsch, keinen Aufruf an irgendeinen Truppenteil oder irgendeine Organisation, die nicht ein

»fanatisches Gelöbnis« oder »fanatisches Bekenntnis« enthielten, die nicht den »fanatischen Glauben« an die ewige Dauer des Hitlerreiches bezeugten. Und erst im Kriege, und nun gar als sich die Niederlagen nicht mehr vertuschen ließen! Je dunkler die Lage sich gestaltete, um so häufiger wurde der »fanatische Glaube an den Endsieg«, an den Führer, an das Volk oder an den Fanatismus des Volkes als an eine deutsche Grundtugend ausgesagt. Der quantitative Höchstgebrauch in der Tagespresse wurde im Anschluß an das Attentat auf Hitler vom 20. Juli 1944 erreicht: in buchstäblich jedem der übervielen Treuegelöbnisse für den Führer steht das Wort.

Hand in Hand mit dieser Häufigkeit auf politischem Felde ging die Anwendung auf anderen Gebieten, bei Erzählern und im täglichen Gespräch. Wo man früher etwa leidenschaftlich gesagt oder geschrieben hatte, hieß es jetzt fanatisch. Damit trat notwendigerweise eine gewisse Erschlaffung, eine Art Entwürdigung des Begriffes ein. In der erwähnten Göring-Monographie wird der Reichsmarschall unter anderem auch als »fanatischer Tierfreund« gerühmt. [...]

Doch dem sprachlich führenden Kopf des Dritten Reiches, dem es um die volle Wirkung des aufpeitschenden Giftes zu tun war, ihm freilich mußte die Abnutzung des Wortes als eine innere Schwächung erscheinen. Und so wurde Goebbels zu dem Widersinn gedrängt, eine Steigerung über das nicht mehr zu Steigernde hinaus zu versuchen. Im »Reich« vom 13. November 1944 schrieb er, die Lage sei »nur durch einen wilden Fanatismus« zu retten. Als sei die Wildheit nicht der notwendige Zustand des Fanatikers, als könne es einen zahmen Fanatismus geben.

Die Stelle bezeichnet den Verfall des Wortes.

Vier Monate zuvor hatte es seinen höchsten Triumph gefeiert, war es gewissermaßen der höchsten Ehre teilhaftig geworden, die das Dritte Reich zu vergeben hatte, der militärischen. Es ist eine besondere Aufgabe, zu verfolgen, wie die überkommene Sachlichkeit und fast kokette Nüchternheit der offiziellen Heeressprache, vor allem der täglichen Kriegsbulletins,[27] allmählich von den Geschwollenheiten des Goebbelsschen Propagandastils überspült wurde. Am 26. Juli 1944 wurde zum erstenmal im Heeresbericht das Adjektiv »fanatisch« im rühmenden Sinn auf deutsche Regimenter angewendet. Unsere in der Normandie »fanatisch kämpfenden Truppen«. Nirgends ist der weltweite Abstand zwischen der militärischen Gesinnung des ersten und der des zweiten Weltkrieges so grausam deutlich wie hier.

Schon ein Jahr nach dem Zusammenbruch des Dritten Reiches läßt sich ein eigentümlich stichhaltiger Beweis dafür beibringen, daß »fanatisch«, dieses Schlüsselwort des Nazismus, niemals durch das Übermaß der Anwendung wirklich entgiftet wurde. Denn während sich überall Brocken der LTI in der Sprache der Gegenwart breitmachen, ist »fanatisch« verschwunden. Daraus darf man mit Sicherheit schließen, daß eben doch im Volksbewußtsein oder -unterbewußtsein der wahre Sachverhalt all die zwölf Jahre lebendig geblieben ist: dies nämlich, daß ein umnebelter, der Krankheit und dem Verbrechen gleich nahestehender Geisteszustand durch zwölf Jahre als höchste Tugend betrachtet wurde.

Runenzeichen*

Die Worte Aktion und Sturm wanderten um 1920 aus dem weibischen Café in das männliche Bräuhaus.[28] Aktion gehörte von Anfang bis zum Schluß zu den unverdeutschten und unentbehrlichen Fremdwörtern der LTI, Aktion verband sich mit den Erinnerungen an die heroische Frühzeit, mit dem Bilde des Stuhlbeinkämpfers; Sturm wurde zur militärisch-hierarchischen Gruppenbezeichnung: der hundertste Sturm, der Reitersturm der SS, wobei allerdings auch die Tendenz der Verteutschung und des Anknüpfens an die Tradition mitspielte.

Der verbreitetste Gebrauch der Bezeichnung Sturm ist zugleich der verborgenste, denn wem ist noch bewußt, oder war es in den Jahren der nazistischen Allmacht, daß SA: Sturmabteilung bedeutete?

SA und SS, die Schutzstaffel, also die Prätorianergarde,[29] sind als Abbreviaturen so selbstherrlich geworden, daß sie nicht mehr abkürzende Vertretungen darstellen, sondern von sich aus eigene Wortbedeutung besitzen und ganz verdrängt haben, was sie vorher vertraten.

Nur notgedrungen schreibe ich hier das SS mit der gleitenden Kurvenlinie des normalen Schriftzeichens. In der Hitlerzeit gab es in den Setzkästen und auf der Tastatur amtlich gebrauchter Schreibmaschinen die besondere scharfeckige SS-Type. Sie entsprach der germanischen Siegrune und war im Erinnern hieran geschaffen worden. Aber darüber hinaus hatte sie auch Beziehungen zum Expressionismus.

Zu den Soldatenausdrücken des ersten Weltkrieges gehört das Adjektiv zackig. Zackig ist ein straff militärischer

Gruß, zackig kann ein Befehl, kann eine Ansprache gehalten sein, zackig ist, was einen zusammengerafften, einen disziplinierten Energieaufwand ausdrückt. Es bezeichnet eine Form, die der expressionistischen Malerei und der expressionistischen Dichtersprache wesentlich ist. Bestimmt war die Vorstellung »zackig« das erste, was in einem philologisch unbelasteten Kopf beim Anblick des nazistischen SS auftauchte. Und noch ein anderes kam hinzu.

Lange bevor es die nazistische SS gab, sah man ihr Zeichen in roter Farbe an Umspannhäuschen, und darunter stand die Warnung: »Achtung, Hochspannung!« Hier war das zackige S offenbar das stilisierte Bild des Blitzes. Des Blitzes, der in seiner Energiespeicherung und Schnelligkeit dem Nazismus ein so liebes Symbol ist! Also dürfte das Schriftzeichen SS auch eine unmittelbare Verkörperung, ein malerischer Ausdruck des Blitzes sein. Wobei die Doppellinie auf verstärkte Kraft deuten mag, denn auf den schwarzen Fähnchen der Kinderformationen gab es nur einen Zackenblitz, sozusagen ein halbes SS.

Häufig wirken, dem Formenden unbewußt, mehrere Gründe für eine Formung zusammen, und so scheint es mir auch hier zu sein: SS ist beides, Bild und abstraktes Schriftzeichen, ist Grenzüberschreitung nach der Seite des Malerischen hin, ist Bildschrift, ist Rückkehr zur Sinnlichkeit der Hieroglyphen. [...]

Innerhalb der LTI bedeutet mir die zackige Sonderform des SS das Bindeglied zwischen der Bildsprache des Plakats und der Sprache im engeren Sinn. Es gibt noch ein anderes Bindeglied derselben Art: das ist die ebenfalls zackig gezeichnete aufrechte und zu Boden gekehrte Fackel, die Rune des Blühens und Welkens. Als Sinnbild des Vergehens diente sie nur an Stelle des christlichen Kreuzes bei Todesanzeigen, während sie, aufwärts gerichtet, nicht bloß den Stern der Geburtsanzeige ersetzte, sondern auch im Stempel der Apotheker und der Brotbäcker Verwendung fand. Man sollte annehmen, daß diese zwei Runen sich genau so eingebürgert hätten wie das SS-Zeichen, da sie ja ebenfalls durch die beiden Tendenzen zu Sinnlichkeit und Teutschtum gefördert wurden. Das ist aber durchaus nicht der Fall.

Ich habe mir einige Male, jeweils ein paar Wochen lang, statistische Notizen darüber gemacht, in welchem Verhältnis die Verwendung der Runenzeichen zu der von Stern und Kreuz stand. Ich sah regelmäßig (obwohl wir sie nicht halten und nicht im Zimmer haben durften, aber von irgendwoher drang sie doch immer ins Judenhaus) eine der neutralen Dresdener Zeitungen – neutral, soweit das ein Blatt sein konnte, neutral also nur im Vergleich zu einer ausgesprochenen Parteizeitung –, und ich sah ziemlich oft den »Freiheitskampf«, das Dresdener Parteiblatt, dazu die »DAZ«[30], die ein etwas höheres Niveau behaupten mußte, da sie, besonders nach dem Verstummen der »Frankfurter Zeitung«,[31] vor dem Ausland zu repräsentieren hatte. Es war zu berücksichtigen, daß die Runen in dem eigentlichen Parteiblatt häufiger auftreten würden als in den anderen Zeitungen, es war auch zu berücksichtigen, daß die »DAZ« häufig den spezifisch christlichen Kreisen als Anzeigenblatt diente. Dennoch war das Runenplus des »Freiheitskampfes« den anderen Blättern gegenüber kein sonderlich großes. Das Höchstmaß der Runen wurde wohl nach den ersten schweren Niederlagen, insbesondere nach Stalingrad, erreicht, denn damals übte die Partei einen erhöhten Druck auf die öffentliche Meinung aus. Aber auch damals betrug bei etwa zwei Dutzend täglicher Gefallenenanzeigen die Zahl der mit den Runen beschrifteten höchstens die Hälfte, sehr oft kaum ein Drittel. Dabei fiel es mir immer wieder auf, daß häufig gerade die Anzeigen, die sich im übrigen am nazistischsten gebärdeten, an Stern und Kreuz festhielten. Bei den Geburtsanzeigen lag es ähnlich: kaum die Hälfte, oft sehr viel weniger, trugen die Rune, und die nazistischsten – denn es gab für die Familienanzeigen eine ganze LTI-Stilistik –, gerade sie ließen die Runen häufig vermissen.

Der Grund für dieses Nichtdurchdringen, Nichtaufgefaßtwerden der positiven und negativen Lebensrune, wo doch das SS-Bild sich restlos durchsetzte, ist ohne weiteres anzugeben. SS war eine durchaus neue Bezeichnung für eine durchaus neue Institution, SS hatte nichts zu verdrängen. Für Geburt und Tod dagegen, für diese ältesten und unwandelbarsten Institutionen der Menschheit, bilden Stern und Kreuz seit bald zwei Jahrtausenden die Zeichen. So waren sie zu tief in die Vorstellung des Volkes eingewachsen, als daß sie völlig hätten entwurzelt werden können. – –

Interpunktion

Bei einzelnen und bei Gruppen läßt sich bisweilen eine gewisse charakteristische Vorliebe für dies oder jenes Interpunktionszeichen beobachten. Gelehrte lieben das Semikolon; ihr logisches Bedürfnis verlangt nach einem Trennzeichen, das entschiedener als das Komma und doch nicht ganz so absolut abgrenzt wie der Punkt. Der Skeptiker

Renan erklärt,[32] man könne das Fragezeichen niemals zu oft anwenden. Der Sturm und Drang hat einen ungemeinen Bedarf an Ausrufezeichen. Der frühe Naturalismus in Deutschland bedient sich gern der Gedankenstriche: die Sätze, die Gedankenreihen sind nicht mit sorgfältiger Schreibtischlogik durchgeführt, sondern reißen ab, deuten an, bleiben unvollständig, haben ein flüchtiges, springendes, assoziatives Wesen, wie das dem Zustand ihres Entstehens, wie es einem inneren Monolog und auch einem erregten Gespräch, insbesondere zwischen denkungewohnten Menschen, entspricht.

Man sollte annehmen, daß die LTI, da sie doch im Kern rhetorisch ist und sich immer wieder an das Gefühl wendet, ähnlich wie der Sturm und Drang dem Ausrufezeichen ergeben sein müßte. Das ist kaum auffällig; im Gegenteil, sie scheint mir ziemlich sparsam mit diesem Zeichen umzugehen. Es ist, als forme sie alles mit solcher Selbstverständlichkeit zu Anruf und Ausruf, daß sie dafür gar kein besonderes Interpunktionszeichen nötig habe – denn wo sind die schlichten Aussagen, von denen sich der Ausruf abheben müßte?

Dagegen bedient sich die LTI bis zum Überdruß dessen, was ich die ironischen Anführungszeichen nennen möchte.

Das einfache und primäre Anführungszeichen bedeutet nichts anderes als die wörtliche Wiedergabe dessen, was ein anderer gesagt oder geschrieben hat. Das ironische Anführungszeichen beschränkt sich nicht auf solch neutrales Zitieren, sondern setzt Zweifel in die Wahrheit des Zitierten, erklärt von sich aus den mitgeteilten Ausspruch für Lüge. Indem das im Reden durch einen bloßen Zusatz von Hohn in der Stimme des Sprechers zum Ausdruck kommt, ist das ironische Anführungszeichen aufs engste mit dem rhetorischen Charakter der LTI verbunden.

Erfunden worden ist es keineswegs von ihr. Als sich im ersten Weltkrieg die Deutschen ihrer überlegenen Kultur rühmten und auf die westliche Zivilisation herabsahen wie auf eine minderwertige und nur äußerliche Errungenschaft, ließen die Franzosen beim Erwähnen der *»culture allemande«* niemals die ironischen Gänsefüßchen fehlen, und wahrscheinlich hat es eine ironische Anwendung der Anführungszeichen neben ihrem neutralen Gebrauch gleich nach der Einführung dieses Zeichens gegeben.

Aber in der LTI überwiegt der ironische Gebrauch den neutralen um das Vielfache. Weil eben Neutralität ihr zuwider ist, weil sie immer einen Gegner haben, immer den Gegner herabzerren muß. Wenn die spanischen Revolutionäre einen Sieg erfechten, wenn sie Offiziere, wenn sie einen Generalstab haben, so sind es unweigerlich »rote ›Siege‹«, »rote ›Offiziere‹«, ein »roter ›Generalstab‹«. Dasselbe ist später mit der »russischen ›Strategie‹« der Fall, dasselbe mit dem »›Marschall‹ Tito« der Jugoslawen. Chamberlain und Churchill und Roosevelt sind immer nur »Staatsmänner« in ironischen Anführungszeichen, Einstein ist ein »Forscher«, Rathenau ein »Deutscher« und Heine ein »›deutscher‹ Dichter«. Es gibt keinen Zeitungsartikel, keinen Abdruck einer Rede, die nicht von solchen ironischen Anführungszeichen wimmelten, und auch in ruhiger gehaltenen ausführlichen Studien fehlen sie nicht. Sie gehören zur gedruckten LTI wie zum Tonfall Hitlers und Goebbels', sie sind ihr eingeboren.

[...] Während Christa und ihresgleichen bei aller Anrüchigkeit immerhin in das Standesamtsregister gelangen, sind die dem Alten Testament entnommenen Namen verboten: kein deutsches Kind darf Lea oder Sara heißen; kommt einmal ein weltfremder Pfarrer darauf, einen solchen Namen anzumelden, so verweigert der Standesbeamte die Eintragung, und die Beschwerde des Pfarrers wird höheren Orts entrüstet zurückgewiesen.

Man suchte den deutschen Volksgenossen weitgehend vor derartigen Namen zu schützen. Im September 1940 sah ich an den Litfaßsäulen die Anzeige einer Kirche: »Held eines Volkes; Oratorium von Händel.« Darunter stand, ängstlich klein gedruckt und in Klammern: »Judas Makkabaeus; neugestalteter Druck.«[33] Etwa um dieselbe Zeit las ich einen kulturhistorischen Roman, der aus dem Englischen übersetzt war: *The Chronicle of Aaron Kane*. Der Verlag Rütten & Loening, derselbe, bei dem die große Beaumarchais-Biographie des Wiener Juden Anton Bettelheim[34] erschienen ist! – der Verlag entschuldigte sich auf der ersten Seite, die biblischen Namen der Personen entsprächen ihrem Puritanismus und der Zeit- und Landessitte, weswegen sie also nicht geändert werden könnten. Ein anderer englischer Roman – ich weiß den Autor nicht mehr – hieß im Deutschen: »Geliebte Söhne.« Der auf der Innenseite in winziger Schrift angegebene Originaltitel lautet: »O Absalom!«[35] Im Physikkolleg mußte der Name Einstein verschwiegen, durfte auch die Maßeinheit »ein Hertz« nicht mit diesem jüdischen Namen bezeichnet werden.[36]

Weil man aber den deutschen Volksgenossen nicht nur vor den jüdischen Namen beschützen will, sondern noch viel mehr vor jeder Berührung mit den Juden selber, so werden diese aufs sorgfältigste abgesondert. Und eines der wesentlichsten Mittel solcher Absonderung besteht in der Kenntlichmachung durch den Namen. Wer nicht einen unverkennbar hebräischen und gar nicht im Deutschen eingebürgerten Namen trägt, wie etwa Baruch oder Recha, der hat seinem Vornamen ein »Israel« oder »Sara« beizufügen. Er hat das seinem Standesamt und seiner Bank mitzuteilen, er darf es bei keiner Unterschrift vergessen, er hat alle seine Geschäftsfreunde darauf hinzuweisen, daß sie ihrerseits es nicht vergessen, wenn sie Post an ihn richten. Wenn er nicht gerade mit einer arischen Frau verheiratet ist und Kinder von ihr hat – die arische Frau allein hilft ihm nichts –, muß er den gelben Judenstern tragen. Das Wort »Jude« darin, dessen Buchstaben der hebräischen Schrift angeähnelt sind, wirkt wie ein an der Brust getragener Vorname. An der Korridortür klebte unser Name doppelt, über dem meinen der Judenstern, unter dem meiner Frau das Wort »arisch«. Auf meinen Lebensmittelkarten stand erst ein einzelnes großes J, später wurde das Wort »Jude« schräg über die Karte gedruckt, zuletzt stand auf jedem winzigen Abschnitt jedesmal das volle Wort »Jude«, etliche sechzigmal auf ein und derselben Karte. Wenn von mir amtlich die Rede ist, heißt es immer »der Jude Klemperer«; wenn ich mich auf der Gestapo zu melden habe, setzt es Püffe, falls ich nicht »zackig« genug melde: »Hier ist der Jude Klemperer.« Man kann die Verächtlichmachung noch steigern, indem man mit Hilfe des Apostrophs an die Stelle der Aussageform die des herrischen Anrufs setzt: von meinem beizeiten nach Los Angeles emigrierten Musikervetter las ich eines Tages in der Zeitung: »Jud' Klemperer aus dem Irrenhaus entsprungen und wieder eingefangen.« Wenn die verhaßten »Kremljuden« Trotzki und Litwinow genannt werden, heißen sie immer Trotzki-Braunstein und Litwinow-Finkelstein.[37] Wenn Laguardia, der verhaßte Bürgermeister von New York, genannt wird, heißt es immer: »der Jude Laguardia« oder mindestens »der Halbjude Laguardia«.[38]

Und wenn es einem jüdischen Ehepaar trotz aller Bedrängnis dennoch einfallen sollte, ein Kind in die Welt zu setzen, so dürfen sie ihrem Wurf – ich höre noch, wie der Spucker eine feine alte Dame anbrüllte: »Dein Wurf ist uns entkommen, du Judensau, dafür wollen wir dich fertigmachen!«, und sie machten sie dann auch fertig, am nächsten Morgen ist sie aus ihrem Veronalschlaf nicht mehr aufgewacht –,[39] so dürfen die Eltern ihrer Nachkommenschaft keinen irreführenden deutschen Vornamen geben; die nationalsozialistische Regierung stellt ihnen eine ganze Reihe jüdischer Vornamen zur Auswahl. Seltsam sehen sie aus, die wenigsten unter ihnen haben die volle Würde des Alttestamentlichen. […]

Sippe, ein neutrales Wort der älteren Sprache für Verwandtschaft, für Familie im weiteren Sinn, danach zum Pejorativ herabsinkend wie August[40], hebt sich zu feierlicher Würde, Sippenforschung wird Ehrenpflicht jedes Volksgenossen.

Die Tradition wird dagegen rücksichtslos beiseite geschoben, wo sie dem nationalen Prinzip feindlich gegenübersteht. Hierbei kommt eine typisch deutsche Eigenschaft ins Spiel, die man oft als Pedanterie verspottet hat, die Gründlichkeit. Ein großer Teil Deutschlands ist von Slawen besiedelt worden, und die Ortsnamen entsprechen dieser historischen Gegebenheit. Dem nationalen Prinzip des Dritten Reiches und seinem Rassenstolz aber widerstrebt es, andere als germanische Ortsnamen zu dulden. So wird die Landkarte bis ins kleinste gesäubert. Aus einem Artikel der »Dresdener Zeitung« vom 15. November 1942: »Deutsche Ortsnamen im Osten«, notierte ich mir: Es wurde in Mecklenburg bei vielen Dörfern der Zusatz »Wendisch« gestrichen, es wurden in Pommern 120, im Brandenburgischen rund 175 slawische Ortsnamen verdeutscht, insbesondere germanisierte man die Spreewaldnester. In Schlesien brachte man es auf ganze 2700 verdeutschende Änderungen, und im Regierungsbezirk Gumbinnen, wo vor allem die »niederrassigen« litauischen Endungen anstößig wirkten, und wo man zum Exempel Berninglauken zu Berningen »aufnordete«, im Bezirk Gumbinnen wurden von insgesamt 1851 Gemeinden volle 1146 umbenannt.

System und Organisation

Es gibt das Kopernikanische System, es gibt mancherlei philosophische und mancherlei politische Systeme. Wenn aber der Nationalsozialist »das System« sagt, so meint er ausschließlich das System der Weimarer Verfassung. Das Wort ist in dieser Spezialanwendung der LTI – nein, vielmehr erweitert zur Bezeichnung des gesamten Zeitabschnittes von 1918 bis 1933 – sehr rasch populär geworden, ungleich populärer als etwa die Epochebezeichnung Renaissance. Schon im Sommer 1935 sagte mir ein Zimmermann, der das Gartentor in Ordnung brachte: »Ich schwitze! In der Systemzeit gab es die schönen Schillerkragen[41], die den Hals frei ließen. So was hat man jetzt nicht mehr, immer nur enges Zeug und womöglich steifes.« Der Mann ahnte natürlich nicht, daß er im gleichen Satz bildlich um die verlorene Freiheit der Weimarer Epoche trauerte und bildlich eben diese Epoche mit Verachtung strafte. Daß der Schillerkragen ein Sinnbild der Freiheit bedeutet, braucht nicht erklärt zu werden, daß aber in »System« ein metaphorischer Tadel stecken soll, ist nicht ohne weiteres einzusehen.

Für die Nazis war das Regierungssystem der Weimarer Republik das System schlechthin, weil sie mit ihm in unmittelbarem Kampf gestanden hatten, weil sie in ihm die schlechteste Regierungsform sahen und sich schärfer zu ihm in Gegensatz fühlten als etwa zur Monarchie. Es war die lähmende Zersplitterung in allzu viele Parteien, die sie ihm vorwarfen. Nach der ersten Posse einer Reichstagssitzung unter Hitlers Knute – nichts wurde diskutiert und jede Regierungsforderung von einer wohldressierten Statistengruppe einstimmig angenommen – hieß es in den Parteizeitungen triumphierend, der neue Reichstag habe in einer halben Stunde mehr geleistet als der Parlamentarismus des Systems in einem halben Jahre.

Hinter der Ablehnung des Systems steckt aber sprachgedanklich – ich meine: nach dem Sinn der Bezeichnung, obwohl sie hier nur für »Weimarer Parlamentarismus« steht – weitaus mehr als bloß dies. Ein System ist etwas »Zusammengestelltes«, eine Konstruktion, ein Bau, den Hände und Werkzeuge nach Anordnung des Verstandes ausführen. In diesem konkret-konstruktiven Sinn sprechen wir auch heute noch von einem Eisenbahn- oder Kanalsystem. Häufiger aber (denn im anderen Fall sagen wir ja gern »Eisenbahnnetz«), fast ausschließlich wird das Wort auf Abstraktionen angewendet. Das Kantische System ist ein logisch geknüpftes Gedankennetz zum Einfangen des Weltganzen; für Kant, für den berufsmäßigen, den gelernten Philosophen sozusagen, heißt philosophieren: systematisch denken. Gerade das aber ist es, was der Nationalsozialist aus dem Innersten seines Wesens heraus ablehnen, was er aus dem Trieb der Selbsterhaltung verabscheuen muß.

Wer denkt, will nicht überredet, sondern überzeugt sein; wer systematisch denkt, ist doppelt schwer zu überzeugen. Deshalb liebt die LTI das Wort Philosophie beinahe noch weniger als das Wort System. Dem System bringt sie negative Neigung entgegen, sie nennt es immer mit Mißachtung, nennt es aber häufig. Philosophie dagegen wird totgeschwiegen, wird durchgängig ersetzt durch »Weltanschauung«.

[...] »System« gehört auf die Liste des Abscheus neben »Intelligenz« und »Objektivität«.

Wenn aber »System« verpönt ist, wie nennt sich dann das Regierungssystem der Nazis selber? Denn ein System haben doch auch sie und sind ja stolz darauf, daß absolut jede Lebensäußerung und -situation von diesem Netz erfaßt wird; weswegen denn »Totalität« zu den Grundpfeilern der LTI gehört.

Sie haben kein System, sie haben eine Organisation, sie systematisieren nicht mit dem Verstande, sie lauschen dem Organischen seine Geheimnisse ab. [...]

Der Wille zur Totalität brachte ein Übermaß der Organisationen bis hinab zu den Pimpfen[42] mit sich, nein, bis hinab zu den Katzen: ich durfte dem Tierschutzverein für Katzen keinen Beitrag mehr zahlen, weil im »Deutschen Katzenwesen« – wahrhaftig, so hieß jetzt das zum Parteiorgan gewordene Mitteilungsblatt des Vereins – kein Platz mehr war für artvergessene Kreaturen, die sich bei Juden aufhielten. Man hat uns denn auch später unsere Haustiere: Katzen, Hunde und sogar Kanarienvögel, weggenommen und getötet, nicht in Einzelfällen und aus vereinzelter Niedertracht, sondern amtlich und systematisch, und das ist eine der Grausamkeiten, von denen kein Nürnberger Prozeß berichtet, und denen ich, läg' es in meiner Hand, einen turmhohen Galgen errichten würde, und wenn mich das die ewige Seligkeit kostete.

Ich bin damit nicht ganz so weit vom Thema der LTI abgeirrt, als es den Anschein hat, denn gerade das »Deutsche Katzenwesen« wurde der Anlaß dazu, jene sprachliche Neuschöpfung populär und lächerlich zu machen. In ihrer Manie des Organisierens und des straffsten Zentralisierens nämlich schufen die Nazis über den Einzelorganisationen zusammenfassende »Dachorganisationen«; und da zum ersten Fasching des Dritten Reiches die Faschingsnummer der »Münchener Neuesten Nachrichten«[43] noch etwas wagen zu können vermeinte – später wurde sie zahm und verstummte nach zwei, drei Jahren ganz –, brachte sie u. a. eine Notiz über die »Dachorganisation des Deutschen Katzenwesens«.

Eine Sprache des Glaubens*

Daß die LTI auf ihren Höhepunkten eine Sprache des Glaubens sein muß, versteht sich von selber, da sie auf Fanatismus abzielt. Doch das Eigentümliche hierbei ist, daß sie als Glaubenssprache sich eng an das Christentum, genauer: an den Katholizismus lehnt, obwohl der Nationalsozialismus das Christentum, und gerade die katholische Kirche, bald offen, bald heimlich, bald theoretisch, bald praktisch, aber von allem Anfang an bekämpft. Theoretisch wird das Christentum in seinen hebräischen und – Fachausdruck der LTI – »syrischen« Wurzeln vernichtet; praktisch besteht man immer wieder auf dem Kirchenaustritt der SS-Leute, sucht ihn auch bei den Volksschullehrern durchzusetzen, führt man aufgebauschte Prozesse gegen homosexuelle Lehrer an Klosterschulen, sperrt man Geistliche, die man politische Geistliche nennt, in Zuchthäuser und Lager.

Aber die ersten Opfer der Partei, die sechzehn vor der Feldherrnhalle Gefallenen, werden kultisch und sprachlich wie christliche Märtyrer behandelt. Die Fahne, die ihrem Demonstrationszug vorangetragen wurde, heißt die Blutfahne, und durch Berührung mit ihr werden neue Feldzeichen der SA und SS geweiht. Auch an »Blutzeugen« fehlt es in hierher gehörigen Reden und Artikeln natürlich nicht. Wer an solchen Zeremonien nicht direkt oder durch das Kino teilgenommen hat, der ist schon durch den frommen Blutdunst der Ausdrücke allein eingenebelt.

Gewiß, die erste Weihnacht nach der Usurpation Österreichs, die »Großdeutsche Weihnacht 1938« wird von der Presse gänzlich dechristianisiert: es ist durchweg das »Fest der deutschen Seele«, das man feiert, die »Auferstehung des

Großdeutschen Reiches«, und damit die Neugeburt des Lichtes, womit denn die Betrachtung dem Sonnenrad und Hakenkreuz zustrebt, während der Jude Jesus ganz aus dem Spiel bleibt. Und wenn kurz danach zu Himmlers Geburtstag der Blutorden gestiftet wird, dann ist es ausdrücklich ein »Orden des nordischen Blutes«.

Aber was sich von alledem als Wort einprägt, wirkt doch in der Richtung christlicher Transzendenz: Mystik der Weihnacht, Martyrium, Auferstehung, Weihe eines Ritterordens knüpfen sich (ihrem Heidentum zum Trotz) als katholische oder sozusagen parsifalische Vorstellungen an die Taten des Führers und seiner Partei.[44] Und die »ewige Wache« der Blutzeugen weist die Phantasie in die gleiche Richtung.

Dabei spielt das Wort ewig seine ungemeine Sonderrolle. Es gehört zu denjenigen Wörtern des LTI-Lexikons, deren besonderer Nazismus nur in der skrupellosen Häufigkeit ihrer Anwendung liegt: allzuvieles in der LTI ist »historisch«, ist »einmalig«, ist »ewig«. Man könnte ewig als die oberste Sprosse an der langen Leiter der nazistischen Zahlensuperlative auffassen, aber mit dieser letzten Sprosse wird der Himmel erreicht. Ewig ist Attribut einzig des Göttlichen; was ich ewig nenne, erhebe ich in die Sphäre des Religiösen. »Wir haben den Weg in die Ewigkeit gefunden«, sagt Ley[45] bei der Einweihung einer Hitlerschule im Anfang 1938. In Lehrlingsprüfungen ist eine tückische Fallstrickfrage nicht selten. Sie lautet: »Was kommt nach dem Dritten Reich?« Antwortet ein Ahnungsloser oder Übertölpelter: »das vierte«, dann läßt man ihn (auch bei guten Fachkenntnissen) als unzulänglichen Parteijünger unbarmherzig fallen. Die richtige Antwort muß heißen: »Nichts kommt dahinter, das Dritte Reich ist das ewige Reich der Deutschen.«

Daß Hitler sich selber mit unzweideutig neutestamentlichen Worten als den deutschen Heiland bezeichnet, habe ich mir nur einmal notiert – (aber nochmals: es ist mir ja nur weniges zu Ohren und vor Augen gekommen, und Ergänzungslektüre vermag ich auch jetzt nur in beschränktestem Maße zu treiben). Unter dem 9. November 1935 trug ich ein: »Er nannte die bei der Feldherrnhalle Gefallenen ›Meine Apostel‹ – es sind sechzehn, er muß natürlich vier mehr haben als sein Vorgänger –, und in der Beisetzungsfeier hieß es: ›Ihr seid auferstanden im Dritten Reich‹.«

Mag nun diese unmittelbare Selbstvergottung und stilistische Selbstangleichung an den Christus des Neuen Testaments eine Ausnahme und vielleicht wirklich eine nur einmal vorhandene sein, so bleibt doch bestehen, daß der Führer immer und immer wieder sein besonders nahes Verhältnis zur Gottheit unterstrichen hat, seine besondere Auserwähltheit, seine besondere Gotteskindschaft, seine religiöse Mission. Während des triumphierenden Aufstiegs sagt er in Würzburg (Juni 1937): »Die Vorsehung führt uns, wir handeln nach dem Willen des Allmächtigen. Es kann niemand Völker- und Weltgeschichte machen, wenn er nicht den Segen dieser Vorsehung hat.« Am »Heldengedenktag«[46] 1940 hofft er »demütig auf die Gnade der Vorsehung«. Jahrelang erscheint die Vorsehung, die ihn auserwählt hat, in fast jeder Rede, fast jedem Aufruf. Nach dem Attentat am 20. Juli 1944 ist es das Schicksal, das ihn bewahrt hat, weil die Nation ihn brauche, ihn, den Fahnenträger »des Glaubens und der Zuversicht«. Silvester 1944, als jede Aussicht auf Sieg geschwunden ist, muß wie in den Tagen des Triumphes der persönliche Gott wieder her, der »Allmächtige«, der die gerechte Sache nicht sieglos lassen wird.

Wichtiger als solche Einzelbezugnahmen auf die Gottheit ist ein anderes. Goebbels berichtet in seinen Tagebuchblättern »Vom Kaiserhof zur Reichskanzlei«[47] unter dem 10. Februar 1932 von einer Rede des Führers im Sportpalast: »Zum Schluß gerät er in ein wunderbares unwahrscheinliches rednerisches Pathos hinein und schließt mit dem Wort: Amen!, das wirkt so natürlich, daß die Menschen alle auf das tiefste davon erschüttert und ergriffen sind ... die Massen im Sportpalast geraten in einen sinnlosen Taumel ...« Das Amen zeigt deutlich, daß die allgemeine Richtung dieser Redeleistung eine religiöse und pastorale ist. Und das »Es wirkt so natürlich« des fachkundigsten Zuhörers läßt auf den hohen Grad der bewußt angewandten Redekunst schließen. [...]

Ein paar Seiten nach der eben zitierten Stelle berichtet Goebbels mit freudigem Stolz vom »Tag der erwachenden Nation«: »Wir werden in einer noch nie dagewesenen Konzentration all unsere Propagandamöglichkeiten ausspielen ...« alles »wird klappen wie am Schnürchen«. Und dann spricht der Führer in Königsberg, jedermann ist zutiefst ergriffen, und nun »klingt mächtig in den Schlußakkord der Rede das Niederländische Dankgebet, in der letzten Strophe übertönt vom Glockenläuten des Königsberger Doms. Über den Rundfunk schwingt diese Hymne durch den Äther über ganz Deutschland.«

Aber der Führer kann nicht alle Tage sprechen, er darf es auch nicht, die Gottheit muß im allgemeinen über den

Wolken thronen und öfter durch den Mund ihrer Priester als selber reden. Womit in Hitlers Fall der weitere Vorteil verbunden ist, daß seine Diener und Freunde ihn noch entschiedener und unbefangener zum Heiland erheben, ihn noch pausenloser und vielstimmiger anbeten können, als er sich selber. Von 1933 bis 1945, bis in die Berliner Katastrophe hinein, hat dieses Zum-Gott-Erheben des Führers, dieses Angleichen seiner Person und seines Tuns an Heiland und Bibel Tag für Tag stattgefunden und immer »wie am Schnürchen geklappt«, und nie konnte ihm im geringsten widersprochen werden. [...]

Aus der Überfülle der Vergottungsbeispiele greife ich ganz wenige heraus. Im Juli 1934 sagte Göring in einer Rede vor dem Berliner Rathaus: »Wir alle, vom einfachen SA-Mann bis zum Ministerpräsidenten, sind von Adolf Hitler und durch Adolf Hitler.«[48] In den Wahlaufrufen des Jahres 1938 zur Bestätigung des Österreichsanschlusses, zur Billigung Großdeutschlands heißt es, Hitler sei »das Werkzeug der Vorsehung«, und dann im alttestamentlichen Stil: »die Hand muß verdorren, die Nein schreibt«. Baldur von Schirach[49] bestimmt die Geburtsstadt des Führers, Braunau, zum »Wallfahrtsort der deutschen Jugend«. Baldur von Schirach gibt auch »Das Lied der Getreuen« heraus, »Verse ungenannter österreichischer Hitlerjugend aus den Jahren der Verfolgung 1933 bis 1937«; darin heißt es: »... Es gibt so viele, die dir nie begegnen und denen trotzdem du der Heiland bist.« [...]

Einen entschiedeneren Vergottungston wieder schlägt Goebbels dicht vor dem Überfall auf Rußland an. In seiner Glückwunschrede zum 20. April 1941 sagt er: »Wir brauchen nicht zu wissen, was der Führer tun will – wir glauben an ihn.« (Dabei wird man es einer späteren Generation immer wieder einprägen müssen, daß solch ein Satz des Propagandaministers buchstäblich nirgends in der Öffentlichkeit auch nur dem leisesten Zweifel ausgesetzt war.) Und Silvester 1944 beklagt Goebbels mehr noch als den Führer selber, der unter der unverschuldeten Not seines Volkes ergraut sei, die Menschheit, die ihn verkenne. Denn seine Liebe gehöre der ganzen Menschheit; wüßte sie es, »sie nähme noch in dieser Stunde Abschied von ihren falschen Göttern und huldigte ihm«.[50] [...]

Dem Worte Reich haftet etwas Feierliches an, eine religiöse Würde, die allen ihm nur teilweise synonymen Ausdrücken fehlt. Die res publica, die Republik, ist die allgemeine Angelegenheit aller Bürger, die alle verpflichtende öffentliche Ordnung, die sie selber in ihrem Gemeinwesen hergestellt haben und aufrechthalten, ein rein diesseitiger und vernunftmäßiger Bau. Eben das sagt das Renaissancewort »der Staat« aus: es bezeichnet den festen Stand, die stabile Ordnung eines zusammengefaßten Gebietes, es hat eine völlig diesseitige, ausschließlich politische Bedeutung. »Reich« dagegen, sofern es nicht in Compositis (Königreich, Kaiserreich, Gotenreich ...) eingeengt wird, umfaßt einen weiteren Bereich, schwingt ins Geistige, ins Transzendente aus: Das christliche Jenseits ist das Himmelreich, und im allgemeinsten und schlichtesten Gebet des Christentums heißt die zweite Bitte: Dein Reich komme. Der grausame Witz, mit dem man sich an dem Bluthund Himmler im geheimen rächte, bestand darin, daß man von seinen Opfern sagte, er habe sie eingehen lassen in sein Himmlersches Reich. Das Staatsgebilde, worin Deutschland bis 1806 einbegriffen ist, heißt ausdrücklich

»das Heilige Römische Reich Deutscher Nation«, und heilig ist hier kein schmückendes oder nur enthusiastisches Beiwort, sondern besagt, daß es sich in diesem Staat nicht um eine bloß diesseitige Ordnung handle, daß vielmehr auch der Bezirk des Jenseitigen mitverwaltet werde.

Als Hitler durch die Eingliederung Österreichs den ersten Schritt auf dem Wege zu dem ihm vorschwebenden Großdeutschland getan hatte und nun, mutatis mutandissimis,[51] die Italienfahrten der mittelalterlichen Kaiser nachahmend, zu Verhandlungen mit dem Duce prunkvoll und mit großem Gefolge nach Rom fuhr, da las man als Schlagzeile der deutschen Presse: »Das Heilige Germanische Reich Deutscher Nation«.

Coventrieren*

Coventry war ein englisches »Rüstungszentrum« – nichts als das und nur von militärischen Leuten bevölkert, denn wir griffen prinzipiell nur »militärische Ziele« an, wie es in jedem Bericht hieß, wir übten auch nur »Vergeltung«, hatten beileibe nicht angefangen, im Gegensatz zu den Engländern, die mit den Luftangriffen begonnen hatten und sie als »Luftpiraten« hauptsächlich gegen Kirchen und Krankenhäuser ausführten. Coventry also hatten die deutschen Bomber »dem Erdboden gleichgemacht« und drohten nun, alle englischen Städte zu coventrieren, da ja alle militärischen Zwecken dienten. Man erfuhr im Oktober 1940, daß London »pausenlose Vergeltungsangriffe«, daß es »das größte Bombardement der Weltgeschichte« zu erdulden gehabt, daß es eine »Bartholomäusnacht« durchlitten habe;[52] es würde coventriert werden, wenn es sich nicht endlich besiegt gebe.

Das Verbum coventrieren ist versunken, totgeschwiegen von einer Propaganda, die alltäglich das »Piraten- und Gangstertum« der Feinde vor der Menschheit und dem gerechten Gott im Himmel verfluchte und also nicht an eigene Gangstertaten in den Tagen ihrer Kraft erinnern durfte, das Verbum coventrieren liegt begraben unter dem Schutt deutscher Städte. [...] Und wenn zur Bitterkeit des Anblicks das Wort »coventrieren« tritt, dann schleift es einen trostlosen Gedankengang hinter sich her. Er heißt: Schuld und Sühne.

»Verjudet«: Die Sprache des Antisemitismus*

Seit ich vom Lager Auschwitz und seinen Gaskammern wußte, seit ich Rosenbergs »Mythus« und Chamberlains »Grundlagen« gelesen hatte,[53] zweifelte ich nicht mehr an der zentralen und entscheidenden Bedeutung des Antisemitismus und der Rassenlehre für den Nationalsozialismus. (Was freilich nur von Fall zu Fall entschieden werden kann, ist die Frage, ob dort, wo Antisemitismus und Rassendoktrin nicht naiv als dasselbe gelten, das Rassendogma den wirklichen Ausgangspunkt des Antisemitismus bildet, oder nur seinen Vorwand und seine Draperie.) Erwies es sich, daß es sich hierbei um ein spezifisch deutsches, aus deutscher Geistigkeit gesickertes Gift handelte, dann half kein Nachweis übernommener Ausdrücke, Bräuche, politischer Maßnahmen: dann war der Nationalsozialismus keine eingeschleppte Seuche, sondern eine Entartung des deutschen Wesens selber, eine kranke Erscheinungsform jener *traits éternels*.[54]

Antisemitismus als soziale, als religiös und wirtschaftlich begründete Abneigung ist zu allen Zeiten und in allen Völkern, bald hier, bald dort, bald schwächer, bald stärker, aufgetreten; ihn an sich gerade den Deutschen und ihnen allein zuzurechnen, wäre durchaus ungerecht.

Was den Antisemitismus des Dritten Reichs zu etwas vollkommen Neuem und Einzigartigem macht, ist ein Dreifaches. Einmal: die Seuche flammt auf, und lodernder als je zuvor, zu einer Zeit, da sie als eigentliche Seuche längst und für immer der Vergangenheit anzugehören scheint. Ich meine das so: es gibt vor 1933 wohl noch da und dort antisemitische Ausschreitungen, geradeso wie es in europäischen Häfen gelegentliche Cholera- und Pestfälle gibt; aber genau so wie man die Sicherheit hat oder zu haben glaubt, daß es innerhalb der Kulturwelt nicht mehr zu den städteverödenden Epidemien des Mittelalters kommen werde, genau so schien es ganz unmöglich, daß es noch einmal Judenentrechtungen und Judenverfolgungen der mittelalterlichen Art werde geben können. Und die zweite Einzigartigkeit neben dem ungeheuerlichen Anachronismus besteht darin, daß dieser Anachronismus keineswegs im Gewande der Vergangenheit, sondern in höchster Modernität einherkommt, nicht als Volksaufstand, als Raserei und spontaner Massenmord (obwohl im Anfang noch Spontaneität vorgeschützt wurde), nein, in höchster organisatorischer und technischer Vollendung; denn wer heute rückblickend der Judenmorde gedenkt, denkt an die Gaskammern von Auschwitz. Die dritte und wesentlichste Neuheit aber besteht in der Basierung des Judenhasses auf dem Rassegedanken. Zu allen früheren Zeiten galt die Feindschaft gegen die Juden einzig dem außerhalb des christlichen Glaubens und der christlichen Gesellschaft stehenden Menschen; die Annahme der Landeskonfession und -sitte wirkte ausgleichend und (mindestens für die nachfolgende Generation) verwischend. Indem der Rassegedanke den Unterschied zwischen Juden und Nichtjuden in das Blut verlagert, macht er jeden Ausgleich unmöglich, verewigt die Scheidung und legitimiert sie als gottgewollt. [...]

Auf der zum Antisemitismus verengten und zugespitzten, im Antisemitismus aktivierten Rassenidee beruht die Eigenart des Nationalsozialismus den anderen Faschismen gegenüber. Aus ihr zieht er all sein Gift. Wirklich alles, auch wo es um außenpolitische Gegner geht, die er nicht als Semiten abtun kann. Der Bolschewismus wird ihm zum jüdischen Bolschewismus, die Franzosen sind verniggert und verjudet, die Engländer gar auf jenen biblischen Stamm der Juden zurückzuführen, dessen Spur für verloren galt, usw. usw.

»Weltanschauung«*

Der Wille, den Begriff »anschauen« ganz unmystisch als richtiges Sehen des Vorhandenen aufzufassen,[55] der Unwille über und der Neid auf diejenigen, denen Weltanschauung ein festes Dogma bedeutet, ein Leitseil, an dem man sich in jeder Lage festhalten kann, wenn die eigene Stimmung, das eigene Urteil, das eigene Gewissen ins Schwanken geraten: das soll nach Schnitzlers Meinung[56] charakteristisch sein für den jüdischen Geist, und ist es fraglos für die Mentalität ausgebreiteter Wiener, Pariser und europäischer Intelligenzschichten überhaupt um die Jahrhundertwende. Das Aufkommen des »Geredes von Weltanschauung« (das Wort im »unlogischen« Sinn genommen) ist ja gerade aus der beginnenden Opposition gegen Dekadenz, Impressionismus, Skepsis und Zersetzung der Idee eines kontinuierlichen und damit verantwortlichen Ichs zu erklären.

Was mich beim Lesen dieser Stellen ergriff, war aber nicht so sehr die Frage, ob es sich hier um ein jüdisches oder ein allgemeines Dekadenzproblem handle. Ich fragte mich vielmehr, warum ich damals, als ich den Roman das erstemal las, als seine Gegenwart noch die reale, von mir mitdurchlebte Gegenwart war, warum ich damals dem Aufkommen und Modewerden des neuen Wortes so wenig Beachtung geschenkt hatte. Die Antwort war rasch gegeben. Noch war »Weltanschauung« auf die Oppositionsgruppe gewisser Neuromantiker beschränkt, es war ein Klüngelwort, nicht Allgemeinbesitz der Sprache.

Und ich fragte mich weiter, wie dieses Klüngelwort der Jahrhundertwende zum Pfeilerwort der LTI geworden sei, in der der kleinste Pg[57] und jeder bildungsloseste Kleinbürger und Krämer bei jeder Gelegenheit von seiner Weltanschauung und seinem weltanschaulich fundierten Verhalten redet; und ich fragte mich weiter, worin denn nun die nazistische »Gesinnungstüchtigkeit innerhalb des Unendlichen« bestehe. Es mußte sich da um etwas höchst Allgemeinverständliches und für alle Passendes handeln, um etwas organisatorisch Brauchbares, denn in den Satzungen der Deutschen Arbeitsfront, der DAF, die mir einmal in der

Fabrik vor die Augen kamen, in diesem Statut einer »Organisation aller Schaffenden« war ausdrücklich nicht von »Versicherungsprämien« die Rede, sondern von »Beiträgen zu einer weltanschaulichen Gemeinschaft«.

Was die LTI zu diesem Wort geführt hat, ist nicht etwa, daß sie darin eine Verdeutschung des Fremdwortes Philosophie sah – an Verdeutschungen ist ihr durchaus nicht immer gelegen –, nein, doch den ihr wichtigsten Gegensatz zur Tätigkeit des Philosophierens fand sie hier ausgedrückt. Denn Philosophieren ist eine Tätigkeit des Verstandes, des logischen Denkens, und ihm steht der Nazismus feindlich als seinem tödlichsten Feind gegenüber. Der benötigte Gegensatz zum klaren Denken ist aber nicht das richtige Sehen, so wie Schnitzler das Verbum schauen definiert; auch das stünde ja den ständigen Täuschungs- und Betäubungsversuchen der nazistischen Rhetorik im Wege. Sondern sie findet in dem Wort Weltanschauung das Schauen, die Schau des Mystikers, das Sehen des inneren Auges also, die Intuition und Offenbarung der religiösen Ekstase. Die Vision des Erlösers, von dem das Lebensgesetz unserer Welt ausgeht: das ist der innerste Sinn oder die tiefste Sehnsucht des Wortes Weltanschauung, so wie es im Sprachgebrauch der Neuromantiker auftauchte und von der LTI übernommen wurde.

Gleichschalten: Neuformulierung des Behördenstils*

Entschiedener noch als in den »Männern« drückt sich das Streben nach Heraushebung der Persönlichkeit in einer durchgängigen Neuformulierung des Behördenstils aus, die in unbewußte Komik ausartete. Es gab für Juden weder Kleiderkarten noch Bezugscheine, sie durften nichts Neues kaufen, sie wurden nur aus besonderen Kleider- und Wirtschaftskammern mit gebrauchten Sachen versehen. Anfangs war es verhältnismäßig leicht, ein Stück aus solcher Kleiderkammer zu erhalten; später war eine Eingabe nötig, die über den bestallten »Rechtskonsulenten« der Gemeinde und die Judenabteilung der Gestapo bis an das Polizeipräsidium ging. Ich erhielt einmal auf Vordruckkarte den Bescheid: »Ich habe Ihnen eine gebrauchte Arbeitshose bereitgestellt. Abzuholen ... usw. Der Polizeipräsident.« Das zugrunde liegende Prinzip lautete: nicht die unpersönliche Behörde, sondern die verantwortliche Person eines Führers habe in jedem Fall zu entscheiden. So wurde alles Amtliche in die Ichform transponiert und von einem persönlichen Gott angeordnet. Ich, der Finanzpräsident in Person, und nicht mehr die Steuerkasse x, forderte den Friedrich Schulze auf, drei Mark und fünfzig Pfennig Versäumnisgebühren zu zahlen; Ich, der Polizeipräsident, schickte ein Strafmandat über drei Mark aus; und schließlich sprach gar Ich, der Polizeipräsident, persönlich dem Juden Klemperer eine gebrauchte Hose zu. Alles in majorem gloriam[58] des Führerprinzips und der Persönlichkeit.

Nein, entpersönlichen, versächlichen hat der Nationalsozialismus die von ihm als Menschen anerkannten Germanen nicht wollen. Nur daß eben ein Führer auch Geführte braucht, auf deren bedingungslosen Gehorsam er sich verlassen kann. Man beachte, wie oft in den Treuegelöbnissen, den Huldigungs- und Beistimmungstelegrammen und -resolutionen der zwölf Jahre das Wort »blindlings« vorkommt. Blindlings gehört zu den Pfeilerworten der LTI, es bezeichnet den Idealzustand nazistischer Geistigkeit ihrem Führer und ihrem jeweiligen Unterführer gegenüber, es wird nicht viel seltener gebraucht als »fanatisch«. Um aber einen Befehl blindlings auszuführen, darf ich über ihn nicht erst nachdenken. Nachdenken bedeutet in jedem Fall Aufenthalt, Hemmung, es könnte gar zu Kritik und schließlich zum Ablehnen eines Befehls führen. [...]

Das eindeutige Mechanisieren der Person selber bleibt der LTI vorbehalten. Ihre charakteristischste, wahrscheinlich auch frühzeitigste Schöpfung auf diesem Felde heißt »gleichschalten«. Man sieht und hört den Druckknopf, der Menschen, nicht Institutionen, nicht unpersönliche Behörden, in gleichförmige automatische Haltung und Bewegung versetzt: Lehrer verschiedener Anstalten, Gruppen verschiedener Angestellter des Justiz-, des Steuerdienstes, Mitglieder des Stahlhelms[59] und der SA, usw. usw. werden beinahe in infinitum[60] gleichgeschaltet.

So ungeheuerlich repräsentativ für die Grundgesinnung des Nazismus ist dieses Wort, daß es zu den wenigen Ausdrücken gehört, denen der Kardinal-Erzbischof Faulhaber[61] schon Ende 1933 die Ehre angedeihen ließ, sie in seinen Adventspredigten zu satirisieren. Bei den asiatischen Völkern des Altertums, sagte er, seien Religion und Staat gleichgeschaltet. Gleichzeitig mit dem hohen Kirchenfürsten wagten es auch kleine Kabarettkünstler, das Verbum in komische Beleuchtung zu rücken. Ich erinnere mich eines Conférenciers, der bei einer sogenannten Fahrt ins Blaue der Ausflugsgesellschaft während der Kaffeerast im Walde erklärte, jetzt sei sie der Natur gleichgeschaltet, womit er großen Beifall erntete.

Es gibt in der LTI keinen anderen Übergriff technischer Wörter, der die Tendenz des Mechanisierens und Automatisierens so nackt zutage treten ließe, wie dieses »gleichschalten«. Man hat es all die zwölf Jahre gebraucht, wenn auch anfangs häufiger als später, aus dem einfachen Grunde, weil sehr bald alle Gleichschaltungen, alle Automatisierungen vollzogen und zur Selbstverständlichkeit geworden waren.

Der Stern

Ich frage mich heute wieder, was ich mich, was ich die verschiedensten anderen schon Hunderte von Malen gefragt habe: welches war der schwerste Tag der Juden in den zwölf Höllenjahren?

Nie habe ich von mir, nie von anderen eine andere Antwort erhalten als diese: der 19. September 1941. Von da an war der Judenstern zu tragen, der sechszackige Davidsstern, der Lappen in der gelben Farbe, die heute noch Pest und Quarantäne bedeutet, und die im Mittelalter die Kennfarbe der Juden war, die Farbe des Neides und der ins Blut getretenen Galle, die Farbe des zu meidenden Bösen; der gelbe Lappen mit dem schwarzen Aufdruck: »Jude«, das Wort umrahmt von Linien der ineinandergeschobenen beiden Dreiecke, das Wort aus dicken Blockbuchstaben gebildet, die in ihrer Isoliertheit und in der breiten Überbetontheit ihrer Horizontalen hebräische Schriftzeichen vortäuschen.

Die Beschreibung ist zu lang? Aber nein, im Gegenteil! mir fehlt nur die Kunst zu genauerer, eindringlicherer

Beschreibung. Wie oft, wenn ein neuer Stern auf ein neues (vielmehr alt aus der jüdischen Kleiderkammer erworbenes) Stück, eine Jacke oder einen Arbeitsmantel, anzunähen war, wie oft habe ich den Lappen unter der Lupe betrachtet, die Einzelparzellen des gelben Gewebes, die Ungleichheiten des schwarzen Aufdrucks – und alle diese Einzelfelder hätten nicht ausgereicht, hätte ich an jedes eine der erlebten Sterntorturen knüpfen wollen.

Ein bieder und gutmütig aussehender Mann kommt mir entgegen, einen kleinen Jungen sorgsam an der Hand führend. Einen Schritt vor mir bleibt er stehen: »Sieh dir den an, Horstl – der ist an allem schuld!« … Ein weißbärtiger, gepflegter Herr überquert die Straße, grüßt tief, reicht mir die Hand: »Sie kennen mich nicht, ich muß Ihnen nur sagen, daß ich diese Methoden verurteile.« … Ich will auf die Trambahn steigen, ich darf nur den Vorderperron benutzen, und nur wenn ich zur Fabrik fahre, und nur wenn die Fabrik mehr als sechs Kilometer von meiner Wohnung entfernt ist, und nur wenn der Vorderperron fest abgetrennt ist vom Inneren des Wagens; ich will aufsteigen, es ist spät, und wenn ich nicht pünktlich zur Arbeit erscheine, kann der Meister mich der Gestapo melden. Jemand zerrt mich von hinten zurück: »Lauf doch zu Fuß, ist dir viel gesünder!« Ein SS-Offizier, grinsend, gar nicht brutal, macht sich bloß einen Spaß, so wie man einen Hund ein bißchen neckt … Meine Frau sagt: »Es ist so hübsches Wetter, und ausnahmsweise habe ich heute gar nichts einzukaufen, gar nirgends Schlange zu stehen – ich begleite dich ein Stückchen!« – »Unter keinen Umständen! Soll ich auf der Straße mitansehen, wie du um meinetwillen beleidigt wirst? Und dann: wer weiß, wem du dich verdächtig machst, der dich bisher nicht kennt, und wenn du meine Manuskripte fortschaffst, läufst du ihm in die Arme!« ... Ein Möbelträger, der mir von zwei Umzügen her zugetan ist – gute Leute alle, riechen sehr nach KPD –, steht in der Freiberger Straße plötzlich vor mir und packt meine Hand mit seinen beiden Tatzen und flüstert, daß man es über den Fahrdamm weg hören muß: »Nu, Herr Professor, lassen Sie bloß den Kopf nicht hängen! Nächstens haben sie doch abgewirtschaftet, die verfluchten Brüder!« Es soll ein Trost sein, es ist auch eine Herzwärmung; aber wenn es drüben der richtige Mann hört, dann kostet es meinen Tröster Gefängnis, und mich via Auschwitz das Leben ... Ein Auto bremst im Vorbeifahren auf leerer Straße, ein fremder Kopf beugt sich heraus: »Lebst du immer noch, du verdammtes Schwein? Totfahren sollte man dich, über den Bauch! ...«

Nein, alle Einzelfelder reichen nicht aus, die Bitterkeiten des Judensterns zu notieren.

Am Georgplatz stand eine Gutzkow-Statuette in der Grünanlage, jetzt ist nur noch der Sockel in dem zerfurchten Erdstreifen vorhanden; zu dieser Büste hatte ich ein besonderes Freundschaftsverhältnis. Wer kennt heute noch die »Ritter vom Geist«? Ich habe zu meiner Doktordissertation alle neun Bände mit Vergnügen gelesen,[62] und viel früher einmal hat mir die Mutter erzählt, wie sie als Mädchen den Roman als modernste und eigentlich verbotene Lektüre in sich hineingeschlungen habe. Aber nicht an die »Ritter vom Geist« denke ich zuerst, wenn ich die Gutzkowbüste passiere. Sondern an den »Uriel Acosta«, den ich als Sechzehnjähriger bei Kroll sah.[63] Er war damals schon fast ganz aus dem regulären Spielplan verschwunden, und für jeden Kritiker war es durchaus Pflicht, das Stück schlecht zu finden und einzig auf seine Schwächen hinzuweisen. Mich aber erschütterte es, und ein Satz daraus hat mich durchs Leben begleitet. Ein paarmal beim Zusammenstoß mit irgendwelch antisemitischen Regungen glaubte ich ihn besonders lebhaft nachempfinden zu können, aber wirklich in mein eigenes Leben eingegangen ist er erst an jenem 19. September. Er lautet: »Ins Allgemeine möcht' ich gerne tauchen und mit dem großen Strom des Lebens gehn!« Gewiß, vom Allgemeinen abgeschnitten war ich schon seit 1933, und auch ganz Deutschland war seitdem davon abgeschnitten; aber trotzdem: sobald ich die Wohnung hinter mir hatte und die Straße, in der man mich kannte, war es doch ein Untertauchen im großen allgemeinen Strom, ein angstvolles zwar, denn in jedem Augenblick konnte mich ja ein Böswilliger erkennen und belästigen, doch immerhin ein Untertauchen; nun aber war ich in jedem Augenblick für jeden kenntlich und durch die Kennzeichnung isoliert und vogelfrei; denn die Begründung der Maßnahme hieß, die Juden müßten abgesondert werden, da sich ihre Grausamkeit in Rußland erwiesen habe.

Jetzt erst war die Gettoisierung eine vollkommene; vorher tauchte das Wort Getto nur auf, wo auf Briefstempeln etwa »Getto Litzmannstadt«[64] zu lesen stand, es war dem eroberten Ausland vorbehalten. In Deutschland gab es einzelne Judenhäuser, in die man die Juden zusammendrängte, und die man bisweilen auch mit der Außenanschrift »Judenhaus« versah. Aber diese Häuser lagen inmitten arischer Wohnviertel, und auch selber waren sie nicht ausschließlich von Juden bewohnt; weswegen man denn an anderen gelegentlich die Mitteilung lesen konnte: »Dies Haus ist judenrein.« Der Satz blieb dick und schwarz an manchen Mauern haften, bis sie selber im Bombenkrieg zuschanden gingen, während die Schilder »rein arisches Geschäft« und die feindseligen Schaufensterbemalungen »Judengeschäft!« genau so wie das Verbum »arisieren« und die beschwörenden Worte an der Ladentür: »Völlig arisiertes Unternehmen!« sehr bald verschwanden, weil es keine Judengeschäfte mehr gab, und gar nichts mehr zu arisieren.

Jetzt, da der Judenstern eingeführt war, tat es nichts mehr zur Sache, ob die Judenhäuser zerstreut lagen oder ein eignes Viertel bildeten, denn jeder Sternjude trug sein Getto mit sich, wie eine Schnecke ihr Haus. Und es war auch gleichgültig, ob in seinem Hause nur Juden oder auch Arier lebten, denn über seinem Namen mußte der Stern an der Tür kleben. War seine Frau arisch, so hatte sie ihren Namen abseits vom Stern anzuschlagen und das Wort »arisch« dahinterzusetzen.

Und bald tauchten auch da und dort noch andere Zettel an den Korridortüren auf, medusenhafte[65] Zettel: »Hier wohnte der Jude Weil.« Dann wußte die Briefträgerin, daß sie sich nicht mehr um seine neue Adresse zu bemühen brauchte; der Absender erhielt sein Schreiben zurück mit dem euphemistischen Vermerk: »Adressat abgewandert.« So daß also »abgewandert« in grausamer Sonderbedeutung durchaus ins Lexikon der LTI gehört, in die Judensparte.

Diese Sparte ist reich an amtlichen Ausdrücken und Wendungen, die allen Betroffenen geläufig waren und ständig in ihren Unterhaltungen auftraten. Das begann natürlich mit »nichtarisch« und »arisieren«, dann gab es die »Nürnberger Gesetze zur Reinhaltung des deutschen Blutes«,[66] dann waren da »Volljuden« und »Halbjuden« und

»Mischlinge ersten Grades« und anderer Grade und »Judenstämmlinge«. Und vor allem: es gab »Privilegierte«.

Dies ist die einzige Erfindung der Nazis, von der ich nicht weiß, ob sich die Urheber der ganzen Diabolie ihrer Erfindung bewußt waren. Die Privilegierten traten nur in den jüdischen Arbeitergruppen der Fabriken in Erscheinung; ihre Bevorzugung bestand gerade darin, daß sie keinen Stern zu tragen und nicht im Judenhaus zu wohnen brauchten. Man war privilegiert, wenn man in Mischehe lebte und aus dieser Mischehe Kinder hatte, die »deutsch erzogen«, das hieß: nicht als Angehörige der jüdischen Gemeinde eingetragen waren. Vielleicht ist dieser Paragraph, dessen Auslegung wiederholt zu Schwankungen und grotesken Spitzfindigkeiten führte, wirklich nur deshalb geschaffen worden, um nazistisch brauchbare Volksteile zu schützen; sicherlich aber hat nichts auflösender und demoralisierender auf die Judengruppe selber gewirkt als gerade diese Bestimmung. Wieviel Neid und Haß ist durch sie erregt worden! Ich habe wenige Sätze häufiger und mit mehr Bitterkeit aussprechen hören, als diesen einen: »Er ist privilegiert.« Das heißt: »Er zahlt weniger Steuern als wir, er braucht nicht im Judenhaus zu wohnen, er trägt nicht den Stern, er kann halbwegs untertauchen ...« Und wieviel Hochmut, wieviel jämmerliche Schadenfreude – jämmerliche, denn schließlich waren sie doch in derselben Hölle wie wir, wenn auch in einem besseren Höllenkreise, und zuletzt hat der Gasofen auch Privilegierte gefressen –, wieviel betonte Distanz lag oft in den drei Wörtern: »Ich bin privilegiert.« Wenn ich jetzt von Beschuldigungen der Juden untereinander höre, von folgenschweren Racheakten, denke ich immer zuerst an den allgemeinen vorhandenen

Zwiespalt zwischen Sternträgern und Privilegierten. Natürlich hat es im engen Zusammenleben des Judenhauses – gleiche Küche, gleiches Bad, gleiche Diele für mehrere Parteien – und in der engen Gemeinsamkeit der jüdischen Fabrikgruppen auch ungezählte andere Reibungsgründe gegeben; aber an Privilegiert und Nichtprivilegiert entzündeten sich doch die giftigsten Feindseligkeiten, weil es hier um das Verhaßteste ging, um den Stern.

Wiederholt und mit geringen Varianten finde ich in meinem Tagebuch Sätze wie diese: »Alle bösen Eigenschaften der Leute treten hier zutage, man könnte zum Antisemiten werden!« Vom zweiten Judenhaus an aber – ich habe drei kennengelernt – fehlt solchen Ausbrüchen nie der Zusatz: »Gut, daß ich nun Dwingers ›Hinter Stacheldraht‹ gelesen habe.[67] Was da im sibirischen Compound[68] des ersten Weltkrieges zusammengepfercht ist, hat nichts mit Judentum zu tun, ist reinrassig arisches Volk, ist deutsche Mannschaft, ist deutsches Offizierskorps, und doch geht es in diesem Compound eigentlich genau so zu wie in unseren Judenhäusern. Es ist nicht die Rasse, es ist nicht die Religion, es ist die Pferchung und die Versklavung …«

»Privilegiert« ist das zweitschlimmste Wort der Judensparte meines Lexikons. Das schlimmste bleibt der Stern. Manchmal betrachtet man ihn mit Galgenhumor: ich trage den *Pour le Sémite* ist ein verbreiteter Witz;[69] manchmal behauptet man, nicht nur vor anderen, sondern auch vor sich selber, man sei stolz auf ihn; erst ganz zuletzt setzt man Hoffnungen auf ihn: er wird unser Alibi sein! Aber die längste Zeit hindurch leuchtet doch sein grelles Gelb durch alle qualvollsten Gedanken.

Und am giftigsten phosphoresziert der »verdeckte Stern«. Der Stern, lautet die Gestapovorschrift, muß unverdeckt an der Herzseite getragen werden, auf dem Jackett, auf dem Straßenmantel, auf dem Arbeitsmantel, er muß an jedem Ort getragen werden, wo die Möglichkeit eines Zusammentreffens mit Ariern besteht. Wenn du an schwülen Märztagen den Mantel geöffnet hast, so daß die Rockklappe über die Herzseite zurückgeschlagen ist, wenn du eine Aktenmappe unter den linken Arm geklemmt hältst, wenn du als Frau einen Muff trägst, dann ist dein Stern verdeckt, vielleicht absichtslos und auf Sekunden, vielleicht auch absichtlich, um einmal ohne Brandmal durch die Straßen zu gehen. Ein Gestapobeamter nimmt immer die Absicht des Verdeckens an, und darauf steht das KZ. Und wenn ein Gestapobeamter Pflichteifer beweisen will, und du läufst ihm gerade über den Weg, dann mag der Arm mit der Aktenmappe oder dem Muff bis zum Knie herabhängen, dann kann der Mantel noch so ordentlich zugeknöpft sein: dann hat der Jude Lesser oder die Jüdin Winterstein »den Stern verdeckt«, und spätestens ein Vierteljahr nachher liegt der Gemeinde ein ordnungsgemäßer Totenschein aus Ravensbrück oder Auschwitz vor. Darauf ist die Todesursache präzis und sogar abwechslungsreich oder individuell angegeben; sie heißt umschichtig »Insuffizienz des Herzmuskels« und »bei Fluchtversuch erschossen«. Aber die wahre Todesursache ist der verdeckte Stern.

Mein Nebenmann auf dem Vorderperron sieht mich scharf an und sagt leise, aber im Befehlston an meinem Ohr: »Du steigst an der Haltestelle Hauptbahnhof ab und kommst mit.« Mir begegnet das zum erstenmal, doch ich weiß natürlich aus Erzählungen anderer Sternträger Bescheid. Es läuft glimpflich ab, man ist zum Scherzen aufgelegt und hält mich für harmlos. Aber da ich das nicht vorauswissen kann, und da auch glimpfliche und scherzhafte Behandlung durch die Gestapo kein Genuß ist, so nimmt mich der Zwischenfall immerhin mit. »Ich will den mal flöhen«, sagt mein Hundefänger zum Portier, »laß ihn hier mit dem Gesicht zur Wand stehen, bis ich ihn rufe.« Ich stehe also etwa eine Viertelstunde im Treppenhaus, das Gesicht an der Wand, und Vorübergehende werfen mir Schimpfworte und Ratschläge zu, wie: »Häng dich doch endlich auf, Judenhund, worauf wartest du denn noch?« ... »Noch nicht genug Prügel bezogen?« ... Endlich heißt es: »Raufkommen, aber fix ... Laufschritt!« Ich öffne und bleibe vor dem nahen Schreibtisch stehen. Freundliche Anrede: »Du warst wohl noch nie hier oben? Wirklich nicht? Dein Glück – hast noch viel zu lernen ... Auf zwei Schritt an den Tisch heran, Hände an die Hosennaht und stramm gemeldet: ›Hier ist der Jude Paul Israel Dreckvieh oder so.‹ Also zurück und hinaus, marsch, marsch, und wehe dir, wenn die Meldung nicht zackig ausfällt! ... Na, sehr zackig war's nicht, aber fürs erstemal mag's gelten. Also los mit dem Flöhen. Kennkarte her und Papiere und die Taschen ausgeleert, etwas Gestohlenes und Erschobenes habt ihr ja immer bei euch ... Was, Professor bist du? Mensch, du willst unsereinem was beibringen? Na für solche Unverschämtheit allein gehörste schon nach Theresienstadt ... Nein! Du bist ja noch lange nicht 65, da kommste nach Polen. Noch nicht 65 – und dabei so grün und so klapprig und so nach Luft schnappen! Gott, mußt du dich amüsiert haben in deinem Schlemmerleben, siehst aus wie 75!« Der Inspektor ist gutgelaunt. »Hast Glück gehabt, daß wir nichts Verbotenes bei dir finden. Aber Gnade dir, wenn es das nächstemal anders in deinen Taschen aussieht; die kleinste Zigarette und du kommst weg, und wenn du drei arische Weiber hast ... Wegtreten, dalli!«

Ich habe die Türklinke schon in der Hand, da ruft er mich zurück: »Jetzt wird zu Haus für den jüdischen Sieg gebetet, nicht? – Glotz mich nicht so an, antworte auch gar nicht, ich weiß, daß du's tust. Es ist ja euer Krieg – was, du schüttelst den Kopf? Mit wem führen wir denn Krieg? Mach's Maul auf, wenn du gefragt wirst, willst ja Professor sein.« – »Mit England, Frankreich und Rußland, mit ...« – »Nu hör schon auf, das ist alles Quatsch. Mit dem Juden führen wir Krieg, der jüdische Krieg ist es. Und wenn du jetzt noch einmal den Kopf schüttelst, hau ich dir eine, daß du gleich zum Zahnarzt laufen kannst. Es ist der jüdische Krieg, der Führer hat's gesagt, und der Führer hat immer recht ... Raus!«

Der jüdische Krieg! Der Führer hat das nicht erfunden, er hat auch bestimmt nichts vom Flavius Josephus gewußt, er hat nur einmal aus einer Zeitung oder aus dem Schaufenster eines Buchladens aufgeschnappt, daß der Jude Feuchtwanger einen Roman »Der jüdische Krieg« geschrieben hat.[70] Es ist wohl mit allen besonders charakteristischen Worten und Wendungen der LTI so: England keine Insel mehr, Vermassung, Versteppung, Einmaligkeit,

Untermenschentum usw. – alles ist übernommen, und doch ist alles neu und gehört der LTI für immer an, denn es ist aus den abgeschiedenen Winkeln des persönlichen oder fachwissenschaftlichen oder Gruppensprachgebrauchs ins Allgemeine übernommen und ganz durchgiftet worden mit nazistischer Grundtendenz.

Der jüdische Krieg! Ich habe den Kopf dazu geschüttelt und die einzelnen Kriegsgegner Deutschlands aufgezählt. Und doch ist die Bezeichnung unter dem Gesichtspunkt des Nazismus zutreffend, ja in viel umfassenderem Sinn zutreffend, als sie angewandt wurde; denn der jüdische Krieg hat mit der »Machtübernahme« am 30. Januar 1933 begonnen und am 1. September 1939 nur, um es mit dem späteren zeitweiligen Modewort der LTI zu bezeichnen, eine Kriegserweiterung erfahren. Ich habe mich lange dagegen gesträubt, die Annahme, daß wir – und eben weil ich »wir« sagen mußte, hielt ich dies für eine enge und eitle Selbsttäuschung –, daß wir derart im Zentrum des Nazismus stehen sollten. Aber es ist doch wirklich so gewesen, und die Entstehung dieser Situation liegt deutlich am Tage.

Man muß nur die Seiten des Kapitels »Wiener Lehr- und Leidensjahre« sorglich zu Rate ziehen, auf denen Hitler im Kampfbuch seine »Wandlung zum Antisemiten« schildert. So vieles hier auch verschleiert, frisiert und konstruiert sein mag, eines drängt sich als Wahrheit auf: der ganz ungebildete und haltlose Mensch lernt Politik zuerst unter dem Gesichtspunkt der österreichischen Antisemiten Lueger und Schönerer kennen,[71] die von ihm aus der Perspektive der Gasse und Gosse gesehen werden. In primitivistischer Weise faßt er den Juden schlechthin – er wird zeitlebens sagen: das jüdische Volk – unter dem

Bilde des galizischen Hausierers, in primitivistischer Weise beschimpft er die äußere Erscheinung des schmierigen Kaftanträgers;[72] in primitivistischer Weise lädt er dem zur allegorischen Gestalt, zum »jüdischen Volk« eben, Erhöhten die Summe aller Unsittlichkeiten auf, über die er sich in der Verbitterung seiner Erfolglosigkeit während der Wiener Epoche entrüstet. In jeder geöffneten »Geschwulst des kulturellen Lebens« findet er unweigerlich »wie die Made im faulenden Leibe … ein Jüdlein«. Und die gesamte jüdische Tätigkeit auf den verschiedensten Gebieten bedeutet ihm Pestilenz, »schlimmer als der schwarze Tod von einst« …

»Jüdlein« und »schwarzer Tod«, Ausdruck des verächtlichen Hohns und Ausdruck des Entsetzens, der panischen Angst: es sind die beiden Stilformen, die man bei Hitler immer antreffen wird, so oft er von den Juden spricht, und also in jeder seiner Reden und Ansprachen. […]

Was aber ist mit der Pflege solch eines unausrottbaren und in die Dumpfheit des Instinkts zurückverlagerten Judenhasses gewonnen?

Ungemeines. So Ungemeines, daß ich den Antisemitismus der Nationalsozialisten nicht etwa für eine Sonderanwendung ihrer allgemeinen Rassenlehre halte, vielmehr überzeugt bin, daß sie die allgemeine Rassendoktrin nur übernommen und ausgesponnen haben, um den Antisemitismus dauerhaft und wissenschaftlich zu fundieren. Der Jude ist der wichtigste Mann in Hitlers Staat: er ist der volkstümlichste Türkenkopf[73] und Sündenbock, der volkstümlichste Gegenspieler, der einleuchtendste Generalnenner, die haltbarste Klammer um die verschiedenartigsten Faktoren. Wäre dem Führer wirklich die angestrebte Vernichtung aller Juden gelungen, so hätte er neue erfinden müssen, denn ohne den jüdischen Teufel – »wer den Juden nicht kennt, kennt den Teufel nicht«, stand auf den Stürmertafeln[74] –, ohne den finstern Juden hätte es nie die Lichtgestalt des nordischen Germanen gegeben. Übrigens wäre dem Führer die Erfindung neuer Juden nicht schwergefallen, wurden doch wiederholt die Engländer von nazistischen Autoren als Nachkommen des verschollenen biblischen Judenstammes angesprochen.

Hitlers Besessenenschlauheit zeigt sich in seinen perfiden und schamlos offenen Anweisungen für die Propagandisten der Partei. Das oberste Gesetz lautet überall: laß deine Hörer nicht zu kritischem Denken kommen, behandle alles simplistisch! Wenn du von mehreren Gegnern sprichst, so könnte mancher auf die Idee verfallen, daß du, der Einzelne, vielleicht im Unrecht seist – bringe die vielen also auf einen Nenner, klammere sie zusammen, gib ihnen Gemeinsamkeit! Alles das besorgt anschaulich und volksnah der Jude. Wobei auf den personifizierenden und allegorisierenden Singular zu achten ist. Wiederum nicht etwa eine Erfindung des Dritten Reichs. Im Volkslied, in der historischen Ballade, auch noch in der volkstümlichen Soldatensprache des ersten Weltkriegs heißt es mit Vorliebe: der Russe, der Brite, der Franzos. Aber die LTI dehnt den Gebrauch des allegorisierenden Singularartikels in Anwendung auf den Juden weit über den einstigen Landsknechtsbezirk aus.

Der Jude – das Wort nimmt einen noch größeren Raum im Sprachgebrauch der Nazis ein als »fanatisch«, aber noch häufiger als der »Jude« kommt das Adjektiv »jüdisch« vor, denn vor allem durch das Adjektiv läßt sich jene Klammer bewirken, die alle Gegner zu einem einzigen Feind zusammenbindet: die jüdisch-marxistische Weltanschauung, die jüdisch-bolschewistische Kulturlosigkeit, das jüdisch-kapitalistische Ausbeutungssystem, die jüdisch-französische, die jüdisch-englische, die jüdisch-amerikanische Interessiertheit an Deutschlands Vernichtung: so führt von 1933 an buchstäblich jede Gegnerschaft, woher sie auch komme, immer wieder auf ein und denselben Feind, auf die verborgene Hitlersche Made zu, auf den Juden, den man in gesteigerten Momenten auch »Juda« nennt, und in ganz pathetischen Augenblicken »Alljuda«. Und was man immer unternimmt, vom allerersten Augenblick an, ist Abwehrmaßnahme in dem einen aufgezwungenen Krieg, dem jüdischen Krieg – »aufgezwungen« ist seit dem 1. September 1939 das stetige Beiwort des Krieges, und im letzten bringt ja auch dieser 1. September[75] gar nichts Neues, sondern nur eine Fortsetzung der jüdischen Mordanfälle gegen Hitlerdeutschland, und wir, wir friedliebenden Nazis, tun nichts anderes, als was wir vorher getan haben, wir verteidigen uns: seit heute morgen »erwidern wir das Feuer des Feindes«, heißt unser erstes Kriegsbulletin.

Geboren aber ist diese jüdische Mordgier im tiefsten nicht aus irgendwelchen Reflexionen und Interessen, nicht einmal aus Machtgier, sondern aus eingeborenem Instinkt, aus »abgrundtiefem Haß« der jüdischen Rasse gegen die nordisch-germanische. Der abgrundtiefe Haß des Juden ist ein Klischeewort, das durch all die zwölf Jahre im Umlauf war. Gegen eingeborenen Haß gibt es keine andere Sicherheit als die Beseitigung des Hassenden: also gelangt man folgerichtig von der Stabilisierung des Rassenantisemitismus zur Notwendigkeit der Judenausrottung. Vom »Ausradieren« der englischen Städte hat Hitler nur einmal gesprochen, es war eine vereinzelte Äußerung, die sich wie alles Superlativische an ihm aus der Hemmungslosigkeit seines Größenwahns erklärt. »Ausrotten« dagegen ist ein oft gebrauchtes Verbum, es gehört dem allgemeinen Sprachschatz der LTI an, es ist in ihrer Judensparte beheimatet, es bezeichnet dort ein Ziel, dem man eifrig nachstrebt. [...]

Alles und jedes in dem den Juden geltenden Teil der LTI ist darauf abgestellt, sie ganz und unüberbrückbar weit vom Deutschtum abzusondern. Bald werden sie als das Volk der Juden, als die jüdische Rasse zusammengefaßt, bald als die Weltjuden oder das internationale Judentum bezeichnet; in beiden Fällen kommt es auf ihr Nichtdeutschtum an. Die Ausübung des Arzt- und Anwaltberufes ist ihnen nicht mehr gestattet; da man für sie selber immerhin einige Ärzte und Anwälte braucht, die aus ihren eigenen Reihen stammen müssen, weil ja jede Berührung der Deutschen mit ihnen aufhören soll, so führen diese nur für Juden zugelassenen Mediziner und Juristen besondere Namen, sie heißen Krankenbehandler und Rechtskonsulenten. [...]

Stärkster Ausdruck dieses Zustandes mag der Aufsatz sein, den Goebbels am 21. Januar 1945 im »Reich« veröffentlichte: »Die Urheber des Unglücks der Welt.« Da sind die Russen, die schon vor Breslau stehen, und die Alliierten an der Westgrenze nichts als »Söldner dieser Weltverschwörung einer parasitären Rasse«. Da treiben die Juden Millionen von Menschen in den Tod, aus Abscheu gegen unsere Kultur, »die sie als weit über ihrem nomadischen Weltbild stehend empfinden«, aus Abscheu gegen unsere Wirtschaft und unsere sozialen Einrichtungen, »weil sie ihrem parasitären Treiben keine Bewegungsfreiheit mehr« lassen … »Wohin ihr faßt, ihr werdet Juden fassen!« Aber das Lachen ist ihnen schon mehrmals »gründlich« vergangen! Und so wird auch jetzt »die jüdische Macht stürzen«. Immerhin: die jüdische Macht und die Juden – kein Jüdlein mehr.

Geheimsprachen*

Die Verschiedenartigkeit des Sprechens je nach der Sozialschicht ist ja keineswegs nur von ästhetischer Bedeutsamkeit. Vielmehr bin ich überzeugt davon, daß das unselige Mißtrauen zwischen den Gebildeten und den Proletariern zu einem sehr großen Teil gerade auf den Unterschieden der Sprachgewohnheit beruht. Wie oft in diesen Jahren habe ich mir gesagt: Wie soll ich's nur anstellen? Der Arbeiter liebt es, in jedem Satz die saftigen Ausdrücke der Verdauung zu verwenden. Tu ich desgleichen, so merkt er, daß mir das nicht vom Herzen kommt, und hält mich für einen Heuchler, der sich anschmieren will; red' ich aber, wie mir der Schnabel gewachsen oder in der Kinderstube und Schule geformt worden ist, dann hält er mich für hochmütig, für einen feinen Pinsel.

Nur in einer teilweisen Anpassung an die größere Derbheit der Arbeitersprache bestand aber die gruppenmäßige Veränderung unseres Sprechens keineswegs. Wir übernahmen Ausdrücke, die mit der Sozialordnung und den Gewohnheiten des Arbeiters verbunden sind. Fehlte jemand an seinem Arbeitsplatz, so fragte man nicht, ob er krank, sondern ob er »krank geschrieben« sei, denn erst aus der

Buchung durch den Kassenarzt ergab sich das Recht auf Kranksein. Die Frage nach seinem Einkommen pflegte man vordem zu beantworten: ich verdiene im Monat soundso viel, oder: mein Gehalt beträgt im Jahr das und das. Jetzt sagte jeder: dreißig Mark bring' ich wöchentlich nach Haus; und von einem Bessergestellten hieß es: er hat eine dickere Lohntüte. Wenn wir von jemandem sagten, er tue schwere Arbeit, so hatte schwer immer und ausschließlich physische Geltung; der Mann schleppte schwere Kisten oder schob schwere Karren ...

Neben diesen der üblichen Arbeitersprache entnommenen Ausdrücken waren andere im Umlauf, die teils dem Galgenhumor, teils dem notwendigen Versteckspiel unserer Lage entstammten. Bei ihnen ist nicht jedesmal mit Sicherheit anzugeben, wieweit sie nur lokale, wieweit, um es philologisch zu benennen, gemeingermanische Bedeutung hatten. Man war, besonders im Anfang, als Verhaftung und Lager noch nicht unbedingt mit Tod identisch waren, nicht gefangen, sondern »verreist«; man war nicht im Konzentrationslager und noch nicht in dem vereinfachten und allgemeinüblichen KZ, sondern im »Konzertlager«. Eine scheußliche Spezialbedeutung erhielt das Verbum »melden«. Er muß sich melden, hieß: er ist zur Gestapo bestellt, und eine solche Meldung war bestimmt mit Mißhandlungen und immer häufiger mit Nimmerwiederkehr verbunden. Ein beliebter Vorwand zu diesem Hinbestellen war neben dem Vorwurf des verdeckten Sterns die Anklage, Greuelnachrichten verbreitet zu haben. Hierfür hatte sich ein einfaches Verbum herausgebildet, greueln. Hatte einer Nachrichten der Auslandssender gehört (und das war täglich der Fall), so kamen sie bei uns aus Kötzschenbroda.

Kötzschenbroda hieß in unserer Sprache geradezu London, Moskau, Beromünster und Freiheitssender.[76] Wurde eine Nachricht angezweifelt, so stammte sie aus dem Mundfunk oder der JMA, was Jüdische Märchenagentur bedeutete. Sprach man von dem dicken Gestapobeamten, der die jüdischen Angelegenheiten – nein, Belange, auch eines der schmutzig gewordenen Worte – innerhalb des Dresdener Bezirks zu verwalten hatte, so hieß er durchweg der Judenpapst.

Allmählich tritt zu der Angleichung an das Arbeiterdeutsch und zu den neuen der Situation entsprungenen Ausdrücken ein drittes Charakteristikum hinzu. Die Zahl der Juden wird immer kleiner, einzeln und in Gruppen verschwinden die Jungen nach Polen und Litauen, die Alten nach Theresienstadt. Ganz wenige Häuser genügen, den in Dresden verbliebenen Rest einzuschließen. Auch das kommt in der Judensprache zum Ausdruck; es ist nicht mehr nötig, die volle Adresse der einzelnen Juden anzugeben, man nennt nur die Straßennummer der paar in verschiedenen Stadtteilen gelegenen Häuser: er wohnt in der 92, in der 56. Dann wird der zusammengeschmolzene Judenrest noch einmal – mehr, viel mehr als – dezimiert: die meisten müssen die Judenhäuser verlassen, man pfercht sie in die Baracken des Judenlagers Hellerberg, und von da geht es wenige Wochen später in die eigentlichen, die Vernichtungslager. Was jetzt zurückbleibt, sind nur die in Mischehe lebenden, also die besonders stark eingedeutschten Juden, die zum großen Teil gar nicht mehr der jüdischen Gemeinde angehören, Dissidenten oder – ein später nicht mehr genehmigter und verschwundener Name – nichtarische Christen. Es versteht sich, daß die Kenntnis jüdischer Bräuche und Riten, und nun gar die Kenntnis der hebräischen Sprache, unter ihnen nur sehr wenig oder gar nicht mehr vorhanden ist. Und nun, dies eben ist das dritte wenig fixierbare und doch stark vorhandene Charakteristikum ihrer Sprache, wenden sie sich mit einer gewissen Sentimentalität, die durch Freude am Witz gemildert wird, Jugenderinnerungen zu und suchen Vergessenes sich gegenseitig aufzufrischen. Mit Frömmigkeit oder mit Zionismus hat das gar nichts zu tun, es ist nur eine Flucht aus der Gegenwart, eine Erholung.

In der Frühstückspause steht man beisammen; einer erzählt, wie er 1889 bei der Getreidefirma Liebmannsohn in Ratibor als Lehrling eintrat, und welch seltsames Deutsch sein Chef sprach. Die seltsamen Ausdrücke – einige Zuhörer strahlen auf, sie erinnern sich; andere lassen sich dies und jenes erklären. »Als ich in Krotoschin lernte«, sagte Wallerstein, aber ehe er berichten kann, fällt ihm Grünbaum, der Obmann, ins Wort: »Krotoschin – kennt ihr die Geschichte des Schnorrers aus Krotoschin?« Grünbaum ist der beste Erzähler jüdischer Witze und Anekdoten, er ist unerschöpflich und unbezahlbar, er verkürzt den Tag, er hilft über die schlimmsten Depressionen fort. Die Geschichte des Zugewanderten, der in Krotoschin nicht Synagogendiener werden konnte, weil ihm die deutsche Schrift nicht geläufig war, und der es dann in Berlin zum Kommerzienrat brachte, wird Grünbaums Schwanengesang, denn am nächsten Morgen fehlt er, und ein paar Stunden danach weiß man, daß sie ihn »geholt« haben.

Holen ist in philologischer Hinsicht eng verwandt mit melden, aber es ist seit längerer Zeit und umfassender im Gebrauch. Der LTI-Sinn des Reflexivums »sich melden« hat nur zwischen Gestapo und Juden seine Geheimgeltung; geholt dagegen werden Jud und Christ, und die Arier sogar besonders massenhaft durch die Militärbehörde im Sommer 1939. Denn holen bedeutet im Spezialsinn der LTI: unauffällig fortschaffen, sei es ins Gefängnis, sei es in die Kaserne, und da wir doch am 1. September 1939 die unschuldig Überfallenen sein werden, so ist die ganze vorherige Mobilmachung ein heimliches nächtliches Holen. Die Verwandtschaft aber von holen und sich melden innerhalb der LTI besteht darin, daß zwei folgenschwere und grausame Vorgänge unter farblosen und alltäglichen Benennungen versteckt werden, und daß andererseits diese Geschehnisse so abstumpfend alltäglich geworden sind, daß man sie eben als alltägliche und allgemeinübliche Vorgänge bezeichnet, statt sie in ihrer düsteren Schwere herauszuheben.

Grünbaum also wurde geholt, und drei Monate danach schickte Auschwitz seine Urne, und sie wurde auf dem jüdischen Friedhof beigesetzt.

Superlativismus*

Der Zahlengebrauch der LTI mag von amerikanischen Gepflogenheiten gelernt haben, unterscheidet sich aber weit und doppelt von ihnen, nicht nur durch Übersteigerung des Superlativismus, sondern auch durch seine bewußte Böswilligkeit, denn er geht überall skrupellos auf Betrug und Betäubung aus. In den Wehrmachtberichten reihen sich unkontrollierbare Beute- und Gefangenenzahlen dicht aneinander, Geschütze, Flugzeuge, Panzerwagen werden zu Tausenden und Zehntausenden, Gefangene zu Hunderttausenden aufgezählt, und am Ende eines Monats erhält man langreihige Zusammenstellungen noch phantastischerer Zahlen; ist aber von den Toten des Feindes die Rede, so hören die bestimmten Zahlen überhaupt auf, und an ihre Stelle treten die Ausdrücke versagender Phantasie: »unvorstellbar« und »zahllos«. Im ersten Weltkrieg war man stolz auf die nüchterne Exaktheit der Heeresberichte. Berühmt wurde die kokette Bescheidenheit des Satzes aus den ersten Kriegstagen: »die vorgeschriebene Linie wurde erreicht«. Bei solcher Nüchternheit vermochte man freilich nicht zu bleiben, aber sie schwebte doch immer als Stilideal vor, und absolut wirkungslos ist dieses Ideal nie geworden. Die Bulletins des Dritten Reichs dagegen setzen sofort superlativisch ein und steigern sich dann, je mißlicher die Lage wird, ins so buchstäblich Maßlose, daß sie das Grundwesen der Militärsprache, die disziplinierte Exaktheit, in das genaue Gegenteil verkehren, ins Phantastische, ins Märchenhafte. Die Märchenhaftigkeit der Beutezahlen wird noch dadurch erhöht, daß von eigenen Verlusten kaum je die Rede ist, wie denn auch auf den Schlachtenbildern der Filme nur Feindleichen getürmt liegen.

Daß die Heeres- und Kriegssprache in den Zivilgebrauch überging, wurde schon in und nach dem ersten Weltkrieg viel beobachtet; das Charakteristikum des zweiten Weltkriegs besteht darin, daß die Sprache der Partei, daß die eigentliche LTI zerstörend in die Heeressprache eindringt. Jene völlige Zerstörung, die in der ausdrücklichen Aufhebung der Zahlengrenze liegt, die Einführung der Worte »unvorstellbar« und »zahllos« wurde in Absätzen erreicht: anfangs durften es sich nur die Berichterstatter und Kommentatoren erlauben, diese äußersten Worte anzuwenden, dann gestattete es sich der Führer im Schwung seiner Ansprachen und Aufrufe, und erst ganz zuletzt machte der offizielle Wehrmachtsbericht davon Gebrauch. [...]

»Welt« tut überall Dienst als superlatives Präfix: das verbündete Japan avanciert von einer Großmacht zur Weltmacht, Juden und Bolschewisten sind Weltfeinde, Begegnungen zwischen dem Führer und Duce welthistorische Stunden.

Ein ähnlicher Superlativismus wie in dem Wort Welt liegt in dem Worte »Raum«. Gewiß, man sagt schon im ersten Weltkrieg nicht mehr: die Schlacht bei Königgrätz oder Sedan,[77] sondern: die Schlacht im Raume von ..., und das hängt einfach mit der Ausdehnung der Kampfhandlungen zusammen; und sicherlich ist auch die dem Imperialismus günstige Wissenschaft der Geopolitik an dem häufigen Auftreten der Vokabel Raum schuld. Aber es liegt in der Raumvorstellung an sich etwas Unbegrenztes, und das verführt. Ein Reichskommissar behauptet in seinem Rechenschaftsbericht für 1942, daß »der ukrainische Raum in den letzten tausend Jahren noch niemals so gerecht, großzügig und modern verwaltet wurde wie unter großdeutsch-nationalsozialistischer Führung«. Ukrainischer Raum paßt besser als bloß Ukraine zu den Superlativen des Jahrtausends und des spanischen Dreiklangs der Adverbien.

Großzügig und großdeutsch sind schon viel zu alt und abgegriffen, um die Geschwollenheit des Satzes noch sonderlich weiter aufzublasen. Doch hat die LTI von sich aus eine solche Wucherung der Zusatzsilbe groß hervorgebracht – Großkundgebung, Großoffensive, Großkampftag usw. –, daß noch während der Nazizeit von dem guten

Nationalsozialisten Börries von Münchhausen[78] dagegen protestiert wurde.

Ebenso superlativgeladen und ebenso oft benutzt wie Welt und Raum ist das Wort »historisch«. Historisch ist, was dauernd im Gedächtnis eines Volkes oder der Menschheit lebt, weil es unmittelbare und dauernde Wirkung auf das Volksganze oder die ganze Menschheit ausübt. So gehört denn das Epitheton historisch allen, auch den selbstverständlichsten Taten der nazistischen Friedensleitung und Generalität, und für Hitlers Reden und Erlasse liegt der Übersuperlativ welthistorisch bereit.

Schlagartige Aktionen: Sprache der Bewegung*

Tendenz, gespannte Bewegung auf ein Ziel hin, ist Pflichtgebot, elementares und allgemeines. So sehr ist Bewegung das Wesen des Nazismus, daß er sich selber geradezu als »die Bewegung« bezeichnet, und seine Geburtsstadt München als »die Hauptstadt der Bewegung«, und daß er, der sonst für alles ihm Wichtige nach tönenden, nach gesteigerten Worten sucht, das Wort Bewegung in all seiner Schlichtheit beläßt.

Sein ganzer Sprachschatz ist von dem Willen zur Bewegung, zum Handeln beherrscht. Sturm ist sozusagen sein erstes und sein letztes Wort: mit der Heranbildung der SA, der Sturmabteilungen, fängt man an, mit dem Volkssturm, der im buchstäblichen Sinn volksnäheren Variante des Landsturms von 1813, steht man am Ende. Die SS hat ihren Reitersturm, das Heer seine Sturmtrupps und Sturmgeschütze, das Blatt der Judenhetze betitelt sich der »Stürmer«. »Schlagartige Aktionen« sind die ersten Heldentaten der SA, und Goebbels' Blatt heißt der »Angriff«.[79] Der Krieg muß ein Blitzkrieg sein, Sport jeder Art speist die allgemeine LTI aus seiner Sondersprache.

Der Wille zum Handeln schafft neue Tätigkeitsworte. Man will die Juden loswerden und entjudet, man will das Geschäftsleben ganz in arische Hände legen und arisiert, man will das Blut der Ahnen zur Reinheit zurückentwickeln und nordet es auf. Intransitive Verba, denen die Technik neue Bereiche zugewiesen hat, werden zu transitiven aktiviert: man fliegt eine schwere Maschine, man fliegt Stiefel und Proviant, man friert Gemüse im neuen Verfahren der Tiefkühlung, wo man früher umständlicher von gefrieren machen sprach.

Hier wirkt wohl auch die Absicht mit, sich straffer und eiliger auszudrücken als sonst üblich, die gleiche Absicht, die den Berichterstatter zum Berichter, den Lastwagen zum Laster, das Bombenflugzeug zum Bomber macht, und deren letzte Konsequenz an die Stelle des Wortes die Abbreviatur setzt. So daß also Lastwagen, Laster, LKW einer normalen Steigerung vom Positiv zum Superlativ entspricht. Und schließlich ist die gesamte Tendenz zum Superlativgebrauch und in allerletzter Erweiterung die gesamte Rhetorik der LTI auf das Prinzip der Bewegung zurückzuführen.

Und nun soll dies alles aus dem Zug der Bewegung in Stillstand (und Rückwärtsbewegung) übergeführt werden! Charlie Chaplin erzielte seine komischste Wirkung, wo er aus eiligster Flucht heraus übergangslos zur Unbeweglichkeit einer gegossenen oder geschnitzten Vestibülfigur[80] erstarrte. Die LTI darf nicht lächerlich werden, sie darf nicht erstarren, sie darf nicht zugeben, daß ihr Aufwärts zum

Abwärts geworden ist. Der Aufruf an die Ostarmee leitet das Bemühen um Verschleierung ein, das die letzte Phase der LTI charakterisiert. Natürlich hat es Verschleierung (Tarnung lautet seit dem ersten Weltkrieg der moderne Märchenausdruck dafür) von Anfang an gegeben; aber bis zu diesem Augenblick war es Verschleierung des Verbrechens – »seit heute morgen erwidern wir das Feuer des Gegners«, heißt das erste Kriegsbulletin –, und von nun an ist es Verschleierung der Ohnmacht.

Goebbels' Wechselbäder*

Und es gibt im Bezirk der LTI nicht bloß gelehrte Fachbücher einerseits und auf der anderen Seite volkstümlich gehaltene Literatur, die nur mit einigen Bildungsspritzern als Schönheitspflästerchen geschmückt ist, sondern in allen ernsthaften Blättern (ich denke vor allem an das »Reich« und die »DAZ«, die Erbin der »Frankfurter Zeitung«) findet man häufig Artikel in der geschwollensten Sprache des Tiefsinns, des pretiösen und geheimnisvollen Stils, der exklusiven Wichtigtuerei.

Ein Beispiel, fast aufs Geratewohl aus einer mannigfaltigen Überfülle herausgegriffen: Am 23. November 1944, zu sehr vorgerückter Stunde des Dritten Reichs also, findet die »DAZ« noch reichlichen Raum für die Selbstanzeige eines wahrscheinlich frischgebackenen Doktors von Werder, der ein Buch geschrieben hat über die »Landflucht als seelische Wirklichkeit«. Was der Autor zu sagen hat, ist schon zahllose Male gesagt worden und läßt sich sehr einfach ausdrücken: wer dem Abwandern der Landbevölkerung in die

Stadt entgegenwirken will, kann das nicht durch bessere Löhne allein erreichen, sondern er muß seelische Faktoren in doppelter Hinsicht berücksichtigen, indem er einiges von den geistigen Anregungen und Vorteilen der Stadt an das Dorf heranbringt (durch Film, Radio, Büchereien usw.), und indem er zum andern pädagogisch die inneren Vorzüge des Landlebens geltend macht. Der junge Autor nun und, was in diesem Fall wichtiger ist, Artikelschreiber bedient sich der Sprache seiner nazistischen Fachlehrer. Er betont die Notwendigkeit einer »Landvolkspsychologie« und doziert: »Der Mensch ist uns heute nicht mehr bloß ein Wirtschaftswesen, das für sich allein steht, sondern ein Wesen aus Leib und Seele, das einem Volke angehört und als Träger bestimmter rassenseelischer Anlagen handelt.« Man müsse also »wirklichkeitsnahe Einsicht in den wahren Charakter der Landflucht« gewinnen. Die moderne Zivilisation »mit der ihr eigenen extremen Vorherrschaft des Verstandes und der Bewußtheit« zersetze die »ursprünglich geschlossene Lebensform des ländlichen Menschen«, deren »natürliche Grundlage nun einmal in Instinkt und Gefühl, im Ursprünglichen und Unbewußten beruht«. Die »Bodentreue« dieses ländlichen Menschen leide Schaden 1. durch »die Mechanisierung der ländlichen Arbeit und die Materialisierung, d. h. die radikale Verwirtschaftlichung ihrer Erzeugnisse, 2. durch die Isolierung und das Absterben des Brauchtums und der ländlichen Sitte, 3. durch die Versachlichung und nüchterne Verstädterung des sozialen Lebens auf dem Lande«. So entstehe »jene psychologische Mangelkrankheit, als die man die Landflucht zu betrachten« habe, wenn man sie »als seelische Wirklichkeit« ernst nehme. Weshalb denn materielles Helfen ihr gegenüber nur »vordergründig« bleibe und seelische Heilmittel notwendig seien. Dazu gehörten neben Volkslied, Brauchtum usw. auch »die modernen Kulturmittel des Films und Rundfunks, falls man dort nur die Elemente der inneren Verstädterung ausschalte«. In dieser Tonart geht es noch eine ganze Weile weiter. Ich nenne das den auf jede Disziplin der Wissenschaft, Philosophie und Kunst anwendbaren nazistischen Tiefenstil. Er ist nicht dem Volk vom Maul abgelesen, er kann und soll auch nicht vom Volk verstanden werden, er wird vielmehr den nach Absonderung strebenden Gebildeten ums Maul geschmiert.

Aber das Höchste und Charakteristischste der nazistischen Sprachkunst liegt nicht in solch getrennter Buchführung für Gebildete und Ungebildete, auch nicht bloß darin, daß man der Menge mit ein paar gelehrten Brocken imponiert. Sondern die eigentliche Leistung, und in ihr ist Goebbels unerreichter Meister, besteht in der skrupellosen Mischung der heterogenen Stilelemente – nein, Mischung trifft nicht völlig zu –, in den schroffst antithetischen Sprüngen vom Gelehrten zum Proletenhaften, vom Nüchternen zum Ton des Predigers, vom kalt Rationalen zur Rührseligkeit der männlich verhaltenen Träne, von Fontanescher Schlichtheit, von Berlinischer Ruppigkeit zum Pathos des Gottesstreiters und Propheten. Das ist wie ein Hautreiz unter dem Wechsel kalter und heißer Dusche, genau so physisch wirkungsvoll; das Gefühl des Hörers (und Goebbels' Publikum ist immer Hörer, auch wenn es die Zeitungsaufsätze des Doktors liest)[81] – das Gefühl kommt nie zur Ruhe, wird dauernd angezogen und abgestoßen, angezogen und abgestoßen, und für den kritischen Verstand bleibt keine Zeit zum Atemholen. [...]

Wenn man nach einem Vorbild für die Spannung des Goebbelsschen Stiles sucht, so mag man es annähernd in der mittelalterlichen Kirchenpredigt finden, wo sich ein vor nichts zurückschreckender Realismus und Verismus[82] des Ausdrucks mit dem reinsten Pathos der Gebetserhebung verbindet. Aber dieser mittelalterliche Predigtstil quillt aus reiner Seele und wendet sich an ein naïves[83] Publikum, das er unmittelbar aus der Enge geistiger Begrenztheit in transzendente Bezirke erheben will. Goebbels dagegen geht raffiniert auf Betrug und Betäubung aus.

Als nach dem Attentat vom 20. Juli 1944 niemand mehr an der Stimmung und der Aufgeklärtheit des Publikums ernstlich zu zweifeln vermag, schreibt Goebbels im burschikosesten Ton: Nur »einige aus einer längst vergangenen Vergangenheit übriggebliebene Pappis« könnten bezweifeln, daß der Nazismus »die größte, aber auch die einzige Rettungsmöglichkeit des deutschen Volkes« sei. Aus dem Elend zerbombter Städte macht er ein andermal mit einem einzigen Satz ein freundliches, in der LTI würde man sagen: ein volksnahes Alltagsidyll: »aus Trümmern und Ruinen kokeln wieder die Ofenrohre, die neugierig ihre Nasen aus den Holzverschlägen herausstecken«. Man bekommt geradezu Sehnsucht nach solch einem romantischen Quartier. Und zugleich soll man Sehnsucht nach Märtyrertum in sich aufblühen fühlen: wir stehen im »heiligen Volkskrieg«, wir stehen – der Gebildete muß miterfaßt werden, das Rosenbergregister[84] darf nicht fehlen – in der »größten Krise der abendländischen Menschheit« und müssen unseren geschichtlichen »Auftrag« ausführen (wo denn Auftrag feierlicher ist als das abgegriffene Fremdwort Mission), und »unsere brennenden

Städte sind Fanale am Wege zur Vollendung einer besseren Ordnung«.

Ich zeigte in einer besonderen Skizze, welche Rolle der volkstümlichste Sport in diesem Wechselbrausensystem spielt. Die unflätigste Spannung des – um es wieder auf nazistisch zu sagen – totalitären Stils hat Goebbels wohl in seinem »Reich«-Artikel vom 6. November 1944 erreicht. Dort schrieb er, man müsse dafür sorgen, »daß die Nation fest auf den Beinen bleibt und niemals zu Boden geht«, und gleich nach dem Boxbild hieß es dann weiter, das deutsche Volk führe diesen Krieg »wie ein Gottesgericht«.

Aber vielleicht erscheint mir gerade dieser Passus, dem mancher ähnliche zur Seite zu stellen wäre, nur deshalb so ganz einzigartig, weil ich wiederholt aufs drastischste daran erinnert worden bin. Wer nämlich jetzt, von auswärts kommend, in der Wilhelmstraße auf der Zentralverwaltung für die Wissenschaft zu tun hat, quartiert sich am bequemsten gegenüber im Adlon ein (oder in dem, was von den einstigen Herrlichkeiten dieses Berliner Hotels übriggeblieben ist). Dort geht der Blick aus den Fenstern des Speiseraumes gerade auf die zerstörte Villa des Propagandaministers, in der man seine Leiche aufgefunden hat. Schon ein halbes dutzendmal habe ich an diesen Fenstern gestanden, und immer wieder ist mir dort das Gottesgericht eingefallen, das er und gerade er heraufbeschworen, und vor dessen allerletzter Szene er sich aus der Welt gestohlen hat.

Prostituierung im Dienste der LTI: Köder für Akademiker*

Er *[Klemperers Freund Hans]* brachte mir ein neues Geschichtswerk und eine neue Literaturgeschichte; bei beiden durchaus ernsthaften Werken war aus der Auflageziffer zu entnehmen, daß sie unter die privilegierten und entscheidend einflußreichen Lehrbücher rechneten. Ich studierte, ich kommentierte sie unter dem Gesichtspunkt der LTI. »Mit dem bloßen Verbot solcher Lektüre für die Allgemeinheit (notierte ich mir) wird es in Zukunft nicht getan sein; man muß den künftigen Lehrer auf Eigenart und Sünde der LTI genau hinweisen, ich zeichne Unterrichtsbeispiele für das Seminar eines Historikers und eines Germanisten auf.«

Zuerst also Friedrich Stieves »Geschichte des deutschen Volkes«. Das umfangreiche Buch erschien 1934 und erreichte bis 1942 die zwölfte Auflage. Seit dem Sommer 1939 (Vorwort zur neunten Auflage) waren die Ereignisse bis zur Einverleibung der Tschechoslowakei und Rückgewinnung des Memellandes dargestellt. Sollte noch eine spätere Auflage als diese erschienen sein (was ich für unwahrscheinlich halte), so dürfte sie doch kaum den weiteren Geschichtsablauf mit berücksichtigt haben; denn einen Monat vor dem Beginn des neuen Weltkrieges schließt der Autor mit dem Jubelruf, daß »der ganze unvergleichliche Aufschwung ohne das Vergießen eines einzigen Tropfen Blutes erreicht« worden sei, und mit dem furchtbar ominösen Vergleich, das Deutsche Reich rage nun »empor aus dem Strom der Zeit als ein Hort der Sammlung und Dauer, als eine schimmernde Verheißung für die Zukunft gleich den Bauten Adolf Hitlers«. Die Druckerschwärze meines

Exemplars kann noch kaum trocken gewesen sein, da begannen schon die ersten dieser Bauten, »die in ihrer wuchtigen, klar gegliederten Geschlossenheit Kraft und Ruhe sinnbildlich in leuchtender Einheit verkörpern« – (»mach' auf die architektonische Kraftprotzerei aufmerksam, auch sie ist LTI«) –, unter den Bomben der feindlichen Flieger zu stürzen.

Stieves Buch ist wie ein guter Köder, sein Gift ist in unschuldige Brocken gewickelt. Unter den fünfhundert Druckseiten des Werkes finden sich lange Kapitel, die bei allem durchgehenden Pathos doch mit einer gewissen Ruhe und ohne gewaltsame Entstellungen des Stils und Inhalts abgefaßt sind, so daß also auch ein denkender Leser Zutrauen gewinnen könnte. Wo sich dann aber die Möglichkeit nazistischer Tönung ergibt, da werden auch alle Register der LTI gezogen. Alle – das ist hier nicht gleichbedeutend mit vielen; sie ist nun einmal arm, sie will und kann nicht anders als arm sein, und Verstärkung erzielt sie nur durch Wiederholen, durch Einhämmern des immer Gleichen.

In feierlichen Momenten positiver wie negativer Art muß natürlich das Blut herhalten. Wenn »sogar ein Goethe haltlose Ehrfurcht« vor Napoleon empfand, so war »die Stimme des Blutes verkümmert«; wenn die Regierung Dollfuß[85] sich gegen die österreichischen Nationalsozialisten wendet, so wendet sie sich gegen »die Stimme des Blutes«; und wenn dann Hitlertruppen in Österreich einmarschieren, so schlägt »endlich die Stunde des Blutes«. Womit denn die alte Ostmark »zum ewigen Deutschland heimgefunden hat«.

Ostmark, ewig und heimfinden: das sind an sich ganz neutrale Worte, die der deutschen Sprache viele Jahrhunderte vor dem Nazismus angehört haben, und die ihr auch in aller Zukunft angehören werden. Und doch sind sie im Zusammenhang der LTI betont nazistische Worte, zu einem besonderen Register gehörig, und charakteristisch und repräsentativ für eben dies Register. Ostmark für Österreich gesetzt: das repräsentiert die Bindung an die Tradition, die Ehrfurcht vor den Ahnen, auf die man sich zu Recht oder Unrecht beruft, deren Erbe zu wahren, deren Testament zu erfüllen man behauptet. Ewig: das weist in die gleiche Richtung; wir sind die Glieder einer aus grauester Vorzeit stammenden Kette, die durch uns hindurch weiterlaufen soll bis in die letzte Ferne, wir waren immer und werden immer sein. Ewig ist nur der stärkste Sonderfall des nazistischen Zahlensuperlativismus, der selber wiederum nur ein Sonderfall des allgemeinen LTI-Superlativismus ist. Und heimfinden: das ist einer der am frühesten anrüchig gewordenen Ausdrücke der Gefühlsbetonung, die ihrerseits von der Verherrlichung des Blutes herrührt und den Überschwang des Superlativs nach sich zieht.

Tradition und Dauer sind zwei dem Historiker allzu geläufige und maßgebende Begriffe, als daß sie den Stil des Geschichtsschreibers ganz besonders zu prägen vermöchten. Dagegen legitimiert sich Stieve geradezu als getreuer und orthodoxer Nationalsozialist durch sein ständiges Aufgebot von Gefühlsworten.

»Unbändige« Kraft treibt die Zimbern und Teutonen, mit deren Einbruch in Italien diese Historie beginnt, »unbändiges« Begehren treibt die Germanen an, »mit dem Ganzen zu kämpfen«; »unbändige« Leidenschaft erklärt, macht verzeihlich, ja adelt die schlimmsten Zügellosigkeiten der Franken. Furor teutonicus wird als hoher Ruhmestitel der »urwüchsigen Kinder des Nordens« gewertet: »Welch kühner Glanz über ihrem Einherstürmen, das ohne Ahnung von der List der Umwelt, ganz auf die Macht des überströmenden Empfindens eingestellt war, auf die Macht jenes inneren Schwunges, der sie vor Freude aufjauchzen ließ, wenn es an den Feind ging.«

Nur im Vorbeigehen weise ich auf das »eingestellt« hin, dessen technische Grundbedeutung schon vor dem Aufkommen der LTI einigermaßen verblaßt ist. Immerhin: etwas von der nazistischen Unempfindlichkeit gegen, oder der positiven Vorliebe für das schroffe Nebeneinander mechanistischer und affektiver Ausdrücke ist auch bei Stieve zu finden; von der NSDAP schreibt er: »Der Partei fiel die Aufgabe zu, der gewaltige Motor im Innern Deutschlands zu sein, der Motor der seelischen Aufrichtung, der Motor der tätigen Hingabe, der Motor der steten Erweckung im Sinne des neu geschaffenen Reichs.«

Im allgemeinen aber ist Stieves Stil ausschließlich gekennzeichnet durch die einseitige Betonung des Gefühls, da er alles und jedes aus dieser glorifizierten und privilegierten Haupteigenschaft der Germanen ableitet.

Sie bestimmt die politische Gliederung, denn die Tüchtigkeit eines Führenden wird nach der Größe seiner Gefolgschaft bemessen, und die Gefolgschaft beruht »lediglich auf freiwilliger innerer Ergebenheit, und ihre Einrichtung ist also ein deutlicher Beweis dafür, welch starke Rolle das Gefühl bei den Germanen spielte«.

Das Gefühl verleiht dem Germanen Phantasie, verleiht ihm religiöse Veranlagung, läßt ihn die Naturkräfte vergotten, macht ihn »erdnah«, läßt ihn dem Intellekt mit Mißtrauen gegenüberstehen.

Das Gefühl treibt ihn ins Grenzenlose, und so ist die romantische Grundtendenz des germanischen Charakters gegeben.

Das Gefühl macht ihn zum Eroberer, schenkt ihm den »deutschen Glauben an den eigenen Beruf zur Weltherrschaft«.

Das Vorwiegen des Gefühls bringt es aber auch mit sich, »daß hart bei der Gier nach Welt die Weltflucht lag«, worauf denn bei allem Lebenskult und Aktivismus eine besondere Hinneigung zum Christentum beruht.

Sobald es ihm der Verlauf der Geschichte gestattet – und daß er es nicht auf gewaltsame Weise schon früher tut, unterscheidet ihn von den reinen Propagandisten seiner Partei –, führt Stieve als verzerrtes Gegenbild des Gefühlsmenschen den Juden ein, und von nun an häufen sich die spezifisch nazistischen Wendungen, vielmehr sie werden in negativer Richtung ergänzt. »Zersetzung« ist jetzt ein zentrales Wort. Beim Jungen Deutschland hebt das an. »Zwei jüdische Dichter, Heine und Lion Baruch, nach seiner Taufe Ludwig Börne genannt«, sind die ersten Demagogen aus den Reihen des »auserwählten« Volkes. (Ich halte auserwählt für das Wort, von dem aus die ironischen Anführungsstriche der LTI um sich greifen.) Der materialistische Geist des Zeitalters ist den Erbanlagen und den im Exil erworbenen Eigenschaften der fremden Rasse günstig und wird von ihr gefördert.

Nun kann sich das nazistische Vokabular entfalten: »niederreißende Kritik«, »zerfasernder Intellekt«, »tödliche Gleichmacherei«, »Auflösung«, »Unterhöhlung«, »Entwurzelung«, »Durchbrechung der nationalen Schranke«; »Marxismus« für Sozialismus, denn der wahre Sozialismus gehört dem Hitlertum, und der falsche muß als Irrlehre des Juden Karl Marx gekennzeichnet werden. (Der Jude Marx, der Jude Heine, nicht Marx oder Heine allein zu sagen, ist eine Sonderanwendung des stilistischen Einhämmerns, das schon im antiken Epitheton ornans[86] auftritt.)

Die Niederlage im ersten Weltkrieg bringt dieser Sparte der LTI Verstärkung: jetzt ist die Rede von »teuflischen Giften der Zersetzung«, von »roten Hetzern« …

Die dritte Steigerung ergibt sich aus der Kampfstellung gegen Bolschewismus und Kommunismus: die »finsteren Horden« der Rotfrontbataillone tauchen auf.

Und endlich – Krönung des Gesamtwerkes und Gipfelung der stilistischen Leistung, volles Werk der nazistischen Sprachorgel: der Retter, der unbekannte Soldat, der Mann aus Großdeutschland, der Führer erscheint. Jetzt versammeln sich alle Schlagworte beider Richtungen auf engem Raum. Und die furchtbare Prostituierung der Evangeliensprache im Dienste der LTI macht den Beschluß: »Durch die hinreißende Kraft seines eigenen Glaubens vermochte der Mann an der Spitze den am Boden liegenden Kranken mit dem uralten Zauberwort ›Stehe auf und wandle‹[87] zu entflammen.« – – –

Ich nannte die LTI arm. Aber wie reich erscheint sie bei Stieve im Vergleich mit Walther Lindens[88] Sprachkunst in seiner »Geschichte der deutschen Literatur« vom Jahre 1937, die man gewiß als repräsentativ ansprechen kann; denn sie ist in dem volkstümlichen Reclamverlag erschienen, sie hat es bei reichlichen 500 Seiten auf vier Auflagen gebracht, sie faßt die vorschriftsmäßigen und überall verbreiteten Literaturteile der Hitlerzeit in so vorschriftsmäßiger Formulierung zusammen, daß sie bestimmt ein wesentliches Handbuch der Schüler und Studierenden gebildet hat. Ihr zu seinem Glück noch vor dem Zusammenbruch des Dritten Reichs verstorbener Verfasser war in den zwanziger Jahren der Herausgeber einer durchaus wissenschaftlichen »Zeitschrift für Deutschkunde«,[89] in der ich selber einige meiner Studien veröffentlichte. Er hat dann gründlich umgelernt, er hat sich dieses Umlernen freilich besonders bequem gemacht, indem er alles aus einem Punkte erklärte und mit nicht viel mehr als zwei, meist gekoppelt auftretenden und von der LTI fast identifizierten (sie selber würde sagen: gleichgeschalteten) Worten ausdrückte.

Jede Strömung, jedes Werk, jeder Autor ist entweder »volkhaft« und »arthaft« oder ist es nicht; und wem Linden dies Prädikat abstreitet, dem hat er damit den ethischen und ästhetischen Wert gleichermaßen, ja jede Existenzberechtigung abgestritten. Abschnitt für Abschnitt, manchmal fast Seite für Seite, ist das immer wieder der Fall.

»Im Rittertum wird zum zweiten Male nach der germanischen Heldendichtung der Fürstenhallen eine schöpferische arteigene Hochkultur geboren.«

»Der Humanismus ist außerhalb Italiens zum Gegensatz des Volkstümlichen und Arteigenen geworden.«

»Erst das achtzehnte Jahrhundert hat den erworbenen Seelen- und Sinnesreichtum in die organische Einheit und Ganzheit neuen arteigenen Lebens übergeleitet: in die volkhafte Wiedergeburt der Deutschen Bewegung seit 1750.«

Leibniz ist »ein deutschgesinnter arthafter Weltdenker«. (Seine Nachfolger »überfremden seine Lehre«.)

Klopstocks »germanisch-arthaftes Alleinheitsgefühl«.

Winckelmanns Deutung der hellenischen Antike »hat zwei artverbundene indogermanische Völker zusammengeführt«.

Im Götz von Berlichingen unterliegen »bodenentstammte Volksart, heimisches Recht der neuen auf sklavische Unterwürfigkeit gegründeten volksfremden Ordnung«, die sich durchsetzt »mit dem artfremden römischen Rechte …«

»Löb Baruch (Ludwig Börne)« und, gleichfalls getaufter Jude, »Jolson (Friedrich Ludwig Stahl)« sind beide, der Liberale wie der Konservative, gleich schuldig an der Aufgabe des »germanischen Ordnungsgedankens«, an der »Entfernung vom arthaften Staatsdenken«.

Uhlands »volkhafte Lyrik und Balladik« trägt bei »zur Wiedererweckung des Artbewußtseins«.

»Im reifen Realismus siegt das arthaft-germanische Empfinden noch einmal über den französischen Esprit und die jüdisch-liberale Tagesliteratur.«

Wilhelm Raabe kämpft gegen »die Entseelung des deutschen Volkes unter artfremden Einflüssen«.

Mit Fontanes Romanen endet »der Realismus, eine arthaft deutsche Bewegung«; Paul de Lagarde ist um »eine arthaft deutsche Religion« bemüht; Houston Stewart Chamberlain ist noch »artechter« als der Rembrandtdeutsche, er bringt dem deutschen Volke »arteigene Geistesheroen« wieder nahe, weckt »die germanische Lebensschau wieder zur gestaltenden völkischen Macht«: dieser ganze Verbrauch drängt sich auf knapp sechzig Zeilen zusammen, und dabei habe ich noch die »nervöse Entartung« und den »Kampf zwischen Oberflächenliteratur und ewiger arthafter Dichtung« übersehen und das Bemühen, »ein arthaftes

Geistesleben zu gründen und so die volkhafte Kultur zu verwurzeln«.

Mit Bartels und Lienhard beginnt um 1900 »die volkhafte Gegenströmung«. Kommt man dann zu den »großen Wegbereitern volkhafter Dichtung«, zu Dietrich Eckart und all den anderen, die dem Nationalsozialismus unmittelbar verbunden sind, so ist es kein Wunder, wenn nun erst recht alles unaufhörlich um volk- und blut- und arthaft kreist.[90] – [...]

Immer wieder in diesen Jahren, und während der Falkensteiner Wochen[91] mit besonderer Intensität, habe ich mir die gleiche Frage vorgelegt und kann sie bis heute nicht beantworten: Wie war es möglich, daß die Gebildeten einen solchen Verrat an aller Bildung, aller Kultur, aller Menschlichkeit verübten?

»Wejen Ausdrücken«

Unter den Flüchtlingen im Dorf befand sich auch eine Berliner Arbeiterin mit ihren zwei kleinen Töchtern. Ich weiß nicht, wie es sich fügte, daß wir noch vor dem Einmarsch der Amerikaner miteinander ins Gespräch kamen. Mir hatte es im Vorübergehen schon ein paar Tage lang Vergnügen gemacht, sie mitten im oberbayerischen Land so unverfälschtes Berlinisch sprechen zu hören. Sie war zutunlich und spürte sofort in uns die politische Gesinnungsverwandtschaft. Sie erzählte uns bald, daß ihr Mann lange als Kommunist gesessen habe und jetzt bei einem Strafbataillon, Gott weiß wo, stehe, falls er überhaupt noch lebe. Und sie selber, berichtete sie mit Stolz, habe auch ein Jahr gebrummt und säße auch heute noch, wären nicht die Gefängnisse überfüllt gewesen, und hätte man sie nicht als Arbeiterin gebraucht. »Weswegen haben Sie denn gesessen?« fragte ich. »Na wejen Ausdrücken ...« (Sie hatte den Führer, die Symbole und die Einrichtungen des Dritten Reiches beleidigt.)

Das war die Erleuchtung für mich. Bei diesem Wort sah ich klar. Wejen Ausdrücken. Deswegen und daherum würde ich meine Arbeit am Tagebuch aufnehmen. Die Balancierstange wollte ich aus der Masse des Übrigen herauslösen und nur eben die Hände mitskizzieren, die sie hielten. So ist dies Buch zustande gekommen, aus Eitelkeit weniger, hoffe ich, als wejen Ausdrücken.

Zu dieser Ausgabe

Textgrundlage dieser Auswahl ist die Ausgabe:

> Victor Klemperer: LTI. Notizbuch eines Philologen. Nach der Ausg. letzter Hand hrsg. und komm. von Elke Fröhlich. Stuttgart: Reclam, 2010 [u. ö.].

Kürzungen, die der Herausgeber innerhalb der ausgewählten Textpassagen vorgenommen hat, sind markiert durch Auslassungszeichen: [...]; alle nicht in Klammern stehenden Dreipunkte: ... stammen von Klemperer selbst. Überschriften, die vom Herausgeber hinzugefügt wurden, wurden mit einem Asterisk (*) versehen; die sonstigen Überschriften stammen von Klemperer. Am Beginn und am Ende der Textpassagen, die unter neu hinzugefügten Überschriften stehen, ist um der besseren Lesbarkeit willen jeweils auf Auslassungszeichen verzichtet worden. Die kurzen Erläuterungen in den Anmerkungen sollen die Lektüre durch Schülerinnen und Schüler erleichtern.

Die ausgewählten Textstellen stammen aus der oben genannten Ausgabe: Heroismus. Statt eines Vorwortes (S. 8–17), LTI: Sprachkritik als Balancierstange* (S. 19 f.), Das tägliche Sprachgift* (S. 25 f.), Freiheit zur Hasspredigt* (S. 30), Die Herrschaft und das Sprachgesetz* (S. 32 f.), Januar bis Oktober 1933: Aus dem Tagebuch eines Sprachwandels* (S. 40–43, 45–48), Fanatismus* (S. 70–75), Runenzeichen* (S. 82–85), Interpunktion (S. 86 f.), Namen (S. 92–96), System und Organisation (S. 114–116, 118), Eine Sprache des Glaubens* (S. 127–134), Coventrieren* (S. 145–147), »Verjudet«: Die Sprache des Antisemitismus* (S. 152 f., 155), »Weltanschauung«* (S. 163–165), Gleichschalten: Neuformulierung des Behördenstils* (S. 172 f., 176), Der Stern (S. 188–193), Der jüdische Krieg (S. 194–196, 198–203), Geheimsprachen* (S. 207–210), Superlativismus* (S. 243 f., 247 f.), Schlagartige Aktionen: Sprache der Bewegung* (S. 253–255), Goebbels' Wechselbäder* (S. 285–289), Prostituierung im Dienste der LTI: Köder für Akademiker* (S. 294–300), »Wejen Ausdrücken« (S. 320 f.).

Anmerkungen

1 Militärsprache: Der »Landekopf« ist ein vom Meer aus erkämpfter Geländestreifen; hier bezogen auf die verschleiernden offiziellen Nachrichten über Landung und Vormarsch der Alliierten 1944.

2 Der »Kulturbund« wurde im Juli 1945 in der Sowjetischen Besatzungszone gegründet und war ebenso wie die offiziell im März 1946 gegründete »Freie Deutsche Jugend« anfangs noch nicht ausschließlich kommunistisch bestimmt, sondern umfasste Mitglieder unterschiedlicher antifaschistischer Gruppen.

3 Adolf Hitlers *Mein Kampf* (zuerst München 1925).

4 Anspielung auf Joseph Goebbels' Buch *Kampf um Berlin* (1932).

5 Horst Wessel (1907–1930) war als eines der führenden Mitglieder der Berliner NSDAP und SA von Kommunisten getötet worden und wurde von den Nationalsozialisten zum Märtyrer stilisiert; das von ihm verfasste Lied »Die Fahne hoch« wurde zur Parteihymne. Bernd Rosemeyer (1909–1938) war ein in der NS-Zeit gefeierter Autorennfahrer.

6 Das Buch der als Flugpionierin bekannten Elly Beinhorn (1907–2007) über ihren Ehemann, den eben erwähnten Autorennfahrer Bernd Rosemeyer, erschien zuerst 1938.

7 »Tank« ist die ältere (ursprüngliche englische) Bezeichnung für Panzer.

8 »Judenhaus« war die NS-Bezeichnung für Ghettohäuser, in die Juden zwangsweise eingewiesen wurden. Eva und Victor Klemperer lebten ab 1940 in drei »Judenhäusern«; Klemperers Tagebücher schildern ausführlich das Zusammenleben dort.

9 Abgekürzte Bezeichnungen nationalsozialistischer Massenorganisationen: »Bund deutscher Mädel« und »Hitlerjugend« als Bezeichnungen der Jugendorganisationen für Mädchen und Jungen, »Deutsche Arbeitsfront« als Ersatz der verbotenen Gewerkschaften.

10 Adolf Glaßbrenner (1810–1876) war ein populärer satirischer Schriftsteller und Mitstreiter der Märzrevolution 1848.

11 Der für seine Bonmots berühmte französische Staatsmann Charles-Maurice de Talleyrand (1754–1838) soll den zitierten Satz 1807 zu einem spanischen Diplomaten gesagt haben.

12 Eigentlich »Le style c'est l'homme même« (sinngemäß: »Im Stil zeigt sich der Charakter eines Menschen«). Der Satz geht zurück auf den französischen Naturforscher Georges-Louis Leclerc de Buffon (1707–1788).

13 Distichon von Friedrich Schiller aus dem Jahr 1797: »Weil ein Vers dir gelingt in einer gebildeten Sprache, / Die für dich dichtet und denkt, glaubst du schon Dichter zu seyn?«

14 In der nationalsozialistischen Wochenzeitung *Das Reich* erschienen von 1940 bis 1945 zahlreiche Leitartikel des Propagandaministers Joseph Goebbels.

15 Alfred Rosenberg (1893–1946) hatte in seinem rassistisch-antisemitischen Buch *Der Mythus des 20. Jahrhunderts* (zuerst 1930) den Versuch einer ideologischen Grundlegung des Nationalsozialismus unternommen.

16 *Freiheitskampf* nannte sich die 1930 gegründete Tageszeitung der Dresdener NSDAP. Der an der Universität Leipzig lehrende Mediziner und Philosoph Wilhelm Wundt (1832–1920) war einer der Mitbegründer der modernen Psychologie.

17 *de rigueur*: frz. ›zum guten Ton gehörig‹, ›schick‹.

18 Jan Kiepura (1902–1966) war ein weltbekannter Opern- und Operettentenor auf Bühnen und im Film; er wurde in einem damals zu Russland gehörenden Teil Polens geboren als Sohn einer jüdischen Mutter und eines katholischen Vaters. 1938 ging er in die USA ins Exil.

19 Gemeint ist der mächtige Medienkonzern des deutschnationalen Unternehmers und Politikers Alfred Hugenberg (1865–1951).

20 Der liberale politische Schriftsteller und Politiker Walther Rathenau (1867–1922) war als Außenminister wegen seiner Versöhnungspolitik und seiner jüdischen Herkunft von Rechtsradikalen auf offener Straße ermordet worden. In seinen Tagebuchaufzeichnungen, auf die diese Passagen zurückgreifen, vermerkt Klemperer am 20. Juli 1933, »daß sich die Tyrannei immer wilder [...] äußert: die Feier am Grabe der ›Rathenau-Beseitiger‹«.

21 Mit »Blutfahne« wurde die Hakenkreuzflagge bezeichnet, die beim versuchten Hitler-Putsch gegen die Reichsregierung in München

am 9. November 1923 von Hitlers Anhängern mitgeführt wurde (vgl. S. 45).

22 Gemeint ist *Die Emigrantenlitteratur*, der erste Band des zuerst 1872 in deutscher Übersetzung erschienenen Werkes *Die Hauptströmungen der Litteratur des neunzehnten Jahrhunderts*, das der (ebenfalls wegen seiner jüdischen Herkunft antisemitischen Anfeindungen ausgesetzte) dänische Literaturhistoriker und Kritiker Georg Brandes (1842–1927) veröffentlicht hatte.

23 *mot savant*: frz. ›gelehrtes, gebildetes Wort‹, hier bezogen auf die »émigrés« als die vor der Französischen Revolution geflohenen Emigranten.

24 Die während des »Burenkrieges« in Südafrika (1899–1902) von den Briten eingerichteten Internierungslager oder *compounds* (›umzäuntes Gelände‹) wurden »Concentration Camps« genannt; im Krieg gegen die Herero in Südwestafrika übernahmen die deutschen Kolonialherren diesen Ausdruck 1904 als »Konzentrationslager«.

25 François Ravaillac (1578–1610) ermordete 1610 den französischen König Henri IV. Heinrich Mann hatte diesen König in seinem zweibändigen Exilroman *Die Jugend des Königs Henri Quatre* und *Die Vollendung des Königs Henri Quatre* (1935, 1938) als Beispiel eines guten Herrschers dargestellt.

26 Der SS-Oberführer Erich Gritzbach (1896–1968) war ein enger Mitarbeiter Hermann Görings und verfasste das 1938 erschienene Buch auf dessen Anweisung.

27 *Bulletin:* offizielle Verlautbarung.

28 *Die Aktion* (erschienen 1911–1932) und *Der Sturm* (1910–1932) waren zwei führende literarisch-künstlerische, politisch linksstehende Zeitschriften der expressionistischen Bewegung in Berlin. Kaffeehäuser wie das legendäre *Romanische Café* in Berlin gehörten in den 1910er und 1920er Jahren zu den prominenten Treffpunkten expressionistischer Künstler. Im Münchner *Bürgerbräukeller* trafen sich Hitler und seine Anhänger; von dort ging 1932 der »Hitler-Putsch« aus.

29 Die faschistische Bewegung Benito Mussolinis (1883–1945) inszenierte ihr öffentliches Auftreten als Wiederaufnahme antiker

römischer Traditionen. Von den im alten Rom von der Prätorianergarde (der kaiserlichen Leibwache) als Herrschafts- und Hoheitszeichen getragenen »fasces«, einem mit einer Axt verbundenen Rutenbündel, leiteten sich das politische Symbol und die Selbstbezeichnung der »Faschisten« ab.

30 Die nationalkonservative *Deutsche Allgemeine Zeitung* galt als der NS-Herrschaft zwar nahestehende, aber ihr nicht vollständig ergebene Zeitung.

31 Die 1856 gegründete liberale *Frankfurter Zeitung* galt in den ersten Jahren der NS-Herrschaft noch als letzter Ort eines nicht restlos »gleichgeschalteten« Diskurses; 1943 wurde sie verboten.

32 Ernest Renan (1823–1892) war ein französischer Schriftsteller, Historiker und liberaler Publizist.

33 Das von Georg Friedrich Händel (1685–1759) komponierte und 1747 in London uraufgeführte Oratorium *Judas Maccabaeus* behandelt den im 1. Buch der Makkabäer geschilderten siegreichen Aufstand der Juden gegen die Unterdrückung durch den heidnischen König Antiochos IV.

34 Der Wiener Literatur- und Theaterkritiker Anton Bettelheim (1851–1930) veröffentlichte seine Biographie des französischen Aufklärungsdramatikers Pierre de Beaumarchais 1896.

35 Gemeint ist der 1936 in den USA erschienene, 1938 erstmals ins Deutsche übersetzte Roman *Absalom, Absalom!* von William Faulkner (1897–1962).

36 Der deutsche Physiker Heinrich Hertz (1857–1894) war jüdischer Herkunft; die physikalische Einheit der Frequenz wurde nach ihm benannt.

37 Die sowjetischen Revolutionäre und Politiker Leo Trotzki (1879–1940, geb. als Lew Bronstein) und Maksim Litwinow (1876–1951, geb. als Max Meir Wallach) wurden von der rechtsradikalen Propaganda zu Zerrbildern einer vorgeblich jüdischen Weltverschwörung der Bolschewisten gemacht.

38 Fiorello LaGuardia (1882–1947), aus einer italienisch-jüdischen Einwandererfamilie, war von 1934 bis 1945 Bürgermeister von New York City.

39 Das seit 1903 vertriebene starke Schlafmittel »Veronal« wurde

häufig als Mittel zum Suizid gebraucht (literarisch u. a. in Arthur Schnitzlers Erzählung *Fräulein Else*, 1924).

40 Gemeint ist der sprichwörtlich »dumme August«.

41 Schillerkragen meint einen offenen Hemdkragen, wie Friedrich Schiller ihn auf dem Porträtgemälde von Anton Graff als Zeichen bürgerlich-emanzipatorischen Selbstbewusstseins trägt.

42 »Pimpf« war die umgangssprachliche Bezeichnung für ein Mitglied des »Deutschen Jungvolks«, also der NS-Organisation für Jungen zwischen zehn und vierzehn Jahren.

43 Die *Münchner Neuesten Nachrichten* erschienen von 1848 bis 1945; sie waren in den 1930er Jahren die auflagenstärkste Zeitung in Süddeutschland.

44 Die Schreibweise verweist auf Richard Wagners 1882 uraufgeführtes (auf den mittelhochdeutschen Roman *Parzival* des Wolfram von Eschenbach zurückgreifendes) »Bühnenweihfestspiel« *Parsifal*. Klemperer spielt an auf Wagners Darstellung des heiligen Grals und Parsifals als des neuen Gralsherrschers.

45 Robert Ley (1890–1945) war seit 1933 Leiter der von Klemperer schon früher erwähnten »Deutschen Arbeitsfront«.

46 »Heldengedenktag« war seit 1934 die offizielle Bezeichnung des bis dahin sogenannten »Volkstrauertags«, an dem der Gefallenen des Ersten Weltkriegs gedacht wurde.

47 Gemeint ist Joseph Goebbels' 1934 erschienenes Buch *Vom Kaiserhof zur Reichskanzlei* über die NS-Machtübernahme; der Untertitel lautet: *Eine historische Darstellung in Tagebuchblättern.*

48 In der Bibel heißt es im Brief des Apostels Paulus an die Kolosser über Christus: »[E]s ist alles durch ihn und zu ihm geschaffen.« (Kol 1,16; Lutherbibel 1912).

49 Der nationalsozialistische Schriftsteller Baldur von Schirach (1907–1974) war von 1933 bis 1940 NS-»Reichsjugendführer«.

50 Über die Könige aus dem Morgenland heißt es in der Weihnachtsgeschichte des Matthäus-Evangeliums: »Und sie traten in das Haus, und sahen das Kind mit seiner Mutter Maria, fielen nieder und huldigten ihm«. (Mt 2,11; Textbibel 1899.)

51 Scherzhaft superlativische Übertreibung der lateinischen Rede-

wendung »mutatis mutandis«, also etwa ›mit den allerentschiedensten Änderungen‹.

52 In der (nach dem Tagesheiligen benannten) Bartholomäusnacht vom 23. auf den 24. August 1572 und an den folgenden Tagen wurden Tausende französische Protestanten (»Hugenotten«) Opfer eines blutigen Pogroms.

53 Alfred Rosenbergs *Mythus des 20. Jahrhunderts* bezog sich unmittelbar auf die antisemitische Hetzschrift *Die Grundlagen des 19. Jahrhunderts*, die der englisch-deutsche Schriftsteller (und Schwiegersohn Richard Wagners) Houston Stewart Chamberlain (1855–1927) 1899 veröffentlicht hatte.

54 *traits éternels*: frz. ›unveränderliche Merkmale‹, ›ewige Eigenschaften‹; wohl eine Anspielung auf den Titel der berühmten, 1916 in London gehaltenen Rede *Les traits éternels de la France* des französischen Schriftstellers Maurice Barrès (1862–1923).

55 In der mystischen Literatur des Mittelalters wird die unmittelbare innere »Schau« oder »Anschauung« als der Gegensatz der intellektuellen Reflexion erörtert.

56 Klemperer bezieht sich auf den 1908 erschienenen Roman *Der Weg ins Freie* von Arthur Schnitzler (1862–1931).

57 *Pg:* Umgangssprachliche Abkürzung für »Parteigenosse«, Mitglied der NSDAP.

58 Ironische Übernahme des religiösen Ausdrucks »Ad / In majorem Dei gloriam«: ›Zur höheren Ehre Gottes‹.

59 Die paramilitärische Vereinigung »Stahlhelm. Bund der Frontsoldaten« stand der »Deutschnationalen Volkspartei« nahe und gehörte mit ihrer antidemokratischen, revanchistischen und antisemitischen Ausrichtung zu den Wegbereitern des Nationalsozialismus.

60 *in infinitum:* lat. ›bis ins Unendliche‹.

61 Kardinal Michael von Faulhaber (1896–1952), Erzbischof von München und Freising, übte nach 1933 mehrmals offen Kritik am NS-Regime.

62 Der 1850 bis 1869 in zwei Fassungen erschienene umfangreiche Zeitroman *Die Ritter vom Geiste* ist ein Hauptwerk des liberalen Schriftstellers Karl Gutzkow (1811–1878). Klemperers Disserta-

tion galt Gutzkows jüngerem Zeitgenossen, dem Schriftsteller Friedrich Spielhagen (1829–1911).

63 Die »Krolloper« nahe dem Brandenburger Tor war eine der populärsten Musik- und Schauspielbühnen Berlins. Karl Gutzkows historisches Drama *Uriel Acosta* (uraufgeführt 1811) handelt von dem rebellischen jüdischen Denker und Schriftsteller Uriel da Costa (1585–1640).

64 Gemeint ist die polnische Stadt Łódź, die von den NS-Besatzern 1940 in »Litzmannstadt« umbenannt wurde. Das 1939 errichtete Ghetto war nach Warschau das zweitgrößte im besetzten Polen.

65 In der griechischen Mythologie muss, wer das Haupt der Medusa ansieht, vor Entsetzen zu Stein erstarren.

66 Eine unmittelbare persönliche Folge der am 15. September 1935 erlassenen Gesetze war auch der Entzug von Victor Klemperers Professur.

67 Der in der Weimarer Republik vielgelesene, seit Anfang der 1930er Jahre zunehmend dem Faschismus zuneigende Schriftsteller Edwin Erich Dwinger (1898–1981) hatte in seinem 1929 erschienenen Buch *Die Armee hinter Stacheldraht* über seine Erlebnisse als Kriegsgefangener in Sibirien berichtet.

68 Vgl. S. 101, Anm. 24.

69 Ironische Anspielung auf die von Friedrich I. von Preußen gestiftete Tapferkeitsmedaille »Pour le mérite«, den höchsten militärischen Verdienstorden Preußens; seit 1842 wird der Orden auch als zivile Auszeichnung an Wissenschaftler und Künstler verliehen.

70 Der römisch-jüdische Geschichtsschreiber Flavius Josephus (um 37–100 n. Chr.) schildert in seinem Werk *Über den jüdischen Krieg* den jüdischen Aufstand gegen die römische Besatzung von 66 bis 73 n. Chr. Darauf bezieht sich in Titel und Erzählung der historische Roman *Der jüdische Krieg*, den der Schriftsteller Lion Feuchtwanger (1884–1958) 1932 veröffentlichte.

71 Der antisemitische Politiker Karl Lueger (1844–1910) war von 1897 bis zu seinem Tod Bürgermeister von Wien (erst 2012 wurde der »Karl-Lueger-Ring« als Teil der Wiener Ringstraße in »Universitätsstraße« umbenannt). In *Mein Kampf* beschreibt Hitler

ihn als eines seiner Vorbilder, ebenso wie den antisemitischen Propagandisten und Gründer der *Alldeutschen Vereinigung* Georg Schönerer (1842–1921).

72 Klemperer spielt an auf das Klischeebild der in Galizien lebenden oder von dort nach Wien oder Berlin ausgewanderten »Ostjuden« mit ihrer traditionellen Kleidung und oft depravierten Lebensverhältnissen.

73 »Türkenkopf« ist ursprünglich die Bezeichnung eines an die Form eines Turbans erinnernden Werkzeugs; der Ausdruck wurde sprichwörtlich als Synonym für »Prügelknabe« verwendet.

74 Die von Julius Streicher (1885–1946) seit 1923 herausgegebene antisemitische Hetzzeitschrift *Der Stürmer* wurde in der NS-Zeit auch durch Schaukästen verbreitet, die sogenannten »*Stürmer*-Kästen«.

75 Der 1. September 1939 ist das Datum des deutschen Überfalls auf Polen.

76 Gemeint sind internationale Rundfunkstationen, von denen aus Nachrichten ins nationalsozialistische Deutschland ausgestrahlt wurden, deren Abhören hart bestraft wurde.

77 In der Schlacht bei Königgrätz besiegte Preußen 1866 die Armeen Österreichs und Sachsens, bei Sedan fand 1870 die Entscheidungsschlacht zwischen den Armeen Preußens und Frankreichs statt, die zur Gründung des Deutschen Reiches führte.

78 Der nationalkonservative und antisemitische Schriftsteller Börries von Münchhausen (1874–1945) war seit 1933 zu einem entschiedenen Parteigänger der NS-Herrschaft geworden, geriet jedoch zeitweilig in Spannungen zu deren Kulturpolitik; bei Kriegsende nahm er sich das Leben.

79 *Angriff:* Die 1927 von Joseph Goebbels gegründete und bis 1945 herausgegebene Zeitung der Berliner NSDAP.

80 *Vestibül:* geschmückte Eingangshalle.

81 Sowohl der promovierte Germanist Goebbels selbst als auch die NS-Führung legten besonderen Wert auf die öffentliche Verwendung seines Doktortitels.

82 Die sozialkritische Literatur des italienischen »verismo« im 19. Jahrhundert strebte nach schonungsloser Wirklichkeitsdarstellung.

83 Klemperer gebraucht die ältere französische Schreibweise (die »a« und »i« als getrennt auszusprechende Vokale markiert).

84 *Rosenbergregister:* Der Vorrat der Stichworte, die in Alfred Rosenbergs nationalsozialistischer Schrift *Der Mythus des 20. Jahrhunderts* behandelt wurden.

85 Der österreichische Bundeskanzler Engelbert Dollfuß (1892–1934) vertrat einen »Austrofaschismus«; er wurde 1934 von österreichischen Nationalsozialisten ermordet.

86 *Epitheton ornans:* Begriff aus der Rhetorik: ›das schmückende Beiwort‹ (etwa bei Homer: »die rosenfingrige Morgenröte«).

87 Wort Jesu zu dem von ihm geheilten Gelähmten im Johannes-Evangelium (Joh 5,8).

88 Der Literaturwissenschaftler Walther Linden (1895–1943) war 1925 bis 1936 als Redakteur tätig, von 1934 bis 1936 Mitherausgeber der *Zeitschrift für Deutschkunde.*

89 Die zunächst reformpädagogisch ausgerichtete Zeitschrift entstand 1920 aus der *Zeitschrift für den deutschen Unterricht*; sie wurde 1943 eingestellt.

90 Klemperer nennt intellektuelle Vorkämpfer des Nationalismus und Antisemitismus: den deutschen Theologen und Orientalisten Paul de Lagarde (1827–1891), den bereits erwähnten englisch-deutschen Kulturkritiker Houston Stewart Chamberlain (1855–1927), den Schriftsteller und Kulturphilosophen Julius Langbehn (1851–1907), der wegen seines völkischen Buches *Rembrandt als Erzieher* als »der Rembrandtdeutsche« bekannt geworden war, die beiden Vorkämpfer der sich u. a. auf Langbehn berufenden antimodernen »Heimatkunstbewegung« Adolf Bartels (1862–1945), der zum Propagandisten des Nationalsozialismus wurde, und Friedrich Lienhardt (1865–1929) und den Schriftsteller Dietrich Eckart (1863–1923), einen der frühesten Anhänger Hitlers.

91 *Falkenstein:* Ortschaft im Vogtland; hier kamen die Eheleute Klemperer nach ihrer Flucht aus Dresden Anfang 1945 eine Zeitlang unter.

Nachwort: Die entsetzliche Beharrungskraft der Sprachmuster

Der Wissenschaftler und der Schriftsteller: Notizen eines Philologen

Victor Klemperer, geboren 1881 in Landsberg an der Warthe, dem heutigen Gorzów Wielkopolski, und 1960 in Dresden gestorben, war längst schon ein angesehener Literarhistoriker und akademischer Lehrer, seit 1920 Professor für Romanistik an der Technischen Universität Dresden, als am 30. Januar 1933 bürgerliche Parteien Hitlers NSDAP in die Regierung und an die Macht brachten. Promoviert worden war er 1912 in Berlin mit einer Studie über einen der erfolgreichsten Schriftsteller des deutschsprachigen Realismus (*Die Zeitromane Friedrich Spielhagens und ihre Wurzeln*, Weimar 1913). Bereits zwei Jahre später hatte er sich, ebenfalls an der Berliner Universität, mit einer von dem großen Romanisten Karl Vossler (1872–1949) begleiteten, zweibändigen Arbeit über Charles de Montesquieu habilitiert (1914/15).

In den folgenden Jahren veröffentlichte er eine beeindruckende Reihe literaturwissenschaftlicher Bücher: eine vierbändige *Geschichte der französischen Literatur im 19. und 20. Jahrhundert*, eine *Einführung in das Mittelfranzösische* (1921), reich dokumentierte Einführungen in die *Moderne französische Prosa* (1923) und die *Moderne französische Lyrik* (1929) oder Studien über *Die Antike und die Literatur der Gegenwart* (1926). Zu Oskar Walzels (1864–1944) monumentalem *Handbuch der Literaturwissenschaft* steuerte er die *Geschichte der italienischen Literatur vom Humanismus bis zum 18. Jahrhundert* bei. Noch kurz nach der nationalsozialistischen Machtübernahme erschien 1933 seine Einführung in das Werk des Barockdramatikers *Pierre Corneille*. Werke wie diese machten Victor Klemperer als einen akademischen Forscher und Lehrer bekannt, dessen intellektueller Horizont buchstäblich die beiden Jahrtausende von der Antike bis zur Gegenwart umfasste. Berühmt aber wurde er, weit über die akademische Welt hinaus, als schriftstellerischer Beobachter seines Alltags.

Das Tagebuch, das Klemperer sein Leben lang führte und aus dem erst 1995 die Aufzeichnungen von 1933 bis 1945 erschienen (*Ich will Zeugnis ablegen bis zum letzten*), und das bereits 1947 von ihm selbst unter dem sonderbaren Titel *LTI* veröffentlichte und seiner Ehefrau Eva gewidmete *Notizbuch eines Philologen* – diese eigentlichen Hauptwerke zeigen ihren Verfasser als einen politischen Zeitzeugen von hohem Rang und als einen der großen Sprachkritiker der deutschen Literaturgeschichte.

Auch für ihn selbst war *LTI* das wichtigste Buch seines Lebens. Hervorgegangen ist es, wie die Tagebücher, aus privaten Notizen und Reflexionen. Verfasst hatte Klemperer es, Abschnitt für Abschnitt, auf einzelnen Blättern, die seine Frau bei einer befreundeten Ärztin im nahegelegenen Pirna hinterlegte, um bei Haussuchungen nicht belangbar zu sein. Aus demselben Grund hatte er sich entschieden, sein entstehendes Werk mit der sonderbaren, unverständlichen Chiffre *LTI* zu überschreiben. Die Abkürzung steht, im gelehrten Latein des europäischen Humanisten, für die *Lingua Tertii Imperii*, also die Sprache des Dritten Reiches.

Und sie parodiert nebenbei jene gleichermaßen pompöse und bürokratische Abkürzungswut des nationalsozialistischen deutschen Alltags, mit deren Analyse das Werk selbst beginnt: »Es gab den BDM und die HJ und die DAF und ungezählte andere solcher abkürzenden Bezeichnungen.« Dem BDM (»Bund deutscher Mädel«), der HJ (»Hitlerjugend«), der DAF (»Deutsche Arbeitsfront«) setzte Klemperer seine Notizen zur LTI entgegen: Verspottung und Analyse einer Sprachwelt, die alles Denken und Sprechen zu durchdringen und zu entstellen drohte.

Der Untertitel »Notizbuch eines Philologen« ist die treffendste Genre-Bezeichnung, die sich für dieses eigenartige Werk finden lässt. »*Es gab* den BDM und die HJ«: Das Präteritum, mit dem Klemperers Buch einsetzt, ist zugleich ein historisches und ein episches Signal. Klemperer erzählt von *Ereignissen*, deren Ende im Veröffentlichungsjahr 1947 gerade erst zwei Jahre zurückliegt. Und er *erzählt* von ihnen, so anschaulich und lebendig, so pointiert und dramatisch, wie er es in seinen wissenschaftlichen Werken nicht hatte tun dürfen.

LTI ist entstanden aus einzelnen Notizen und selbständigen kurzen Erzählungen und Reflexionen. Aber das Buch, das schließlich unter diesem Titel erschien, ist doch mehr als die Summe seiner Teile. Es unterläuft die Grenzen zwischen den Diskursen und Disziplinen. Zu Klemperers aufklärerischer Kunst, seinem ästhetischen Eigensinn, dem Glanz seiner Prosa gehört auch der souveräne Wechsel zwischen unterschiedlichen Genres und Schreibweisen: vom Tagebuch zum Essay, vom akademisch-gelehrten Rückblick auf die Kultur- und Literaturgeschichte in prägnante Anekdoten aus dem eben erst erlebten Alltag, von rasch notierten aphoristischen Gedanken zu einer in sich geschlossenen, literarisch meisterhaften und gerade darum so beklemmenden Erzählung, als die sich das Kapitel »Der Stern« erweist. Die soziologischen und zeichentheoretischen Überlegungen zur Ausgrenzung und Stigmatisierung verschmelzen hier mit der schmerzhaft intimen Erfahrung. Indem er von sich und seinen Nächsten erzählt, indem er sich an die Einzelnen und an die Einzelheiten hält, entwirft Klemperer das plastische Porträt seiner Zeit.

Die Abrechnung mit der Sprache und den in ihr vermittelten Denkschemata und Trivialmythen des nationalsozialistischen Deutschland, die Klemperer im Sinn hatte, ist linguistisch und literaturwissenschaftlich begründet. Und sie gelingt gerade deshalb so eindringlich, weil sein Buch mehr und anderes ist als ein sprachwissenschaftlicher Traktat. Sein Lehrer Karl Vossler habe ihn, so notiert Klemperer im Dezember 1945 mit spürbarem Stolz, »als ›Sprachpsycho- und Soziologen‹ herausgestrichen«. In der Tat betreibt er Sprachkritik, indem er von sozialen und psychischen Vorgängen lebendig erzählt: von den zunehmend bedrängenden und gefährdeten Lebensumständen, um die es auch nebenan in seinen Tagebüchern geht, und von der Außenwelt, die er in täglichen Begegnungen, in Zeitungen, Kino und Rundfunk belauscht und beobachtet; vom engen Zusammenleben in »Judenhäusern« ab 1940, von der Straße in Dresden, von literarischen Lektüren und von der täglich fortschreitenden Entrechtung; von den Mitlebenden, den Überlebenden, den Ermordeten. Sein Werk entsteht (hierin ist es vielleicht am ehesten den Büchern von Ruth Klüger und Hans Keilson zu vergleichen) aus der

Verbindung einer Beobachtungsschärfe, der kein beiläufiger Ausdruck, keine unauffällige Geste entgeht, mit einem Sinn für die unfreiwillige und oft makabre Komik, in der sich die totalitäre Herrschaft selbst entlarvt; mit der analytischen Begabung eines Psychologen, der das Gesagte und Geschriebene ebenso genau wahrnimmt wie das Verschweigen und Verstummen; schließlich und vor allem mit der Disziplin eines Philologen, der in seiner langen akademischen Tätigkeit gelernt hat, die Signatur historischer Epochen in ihren Leitbegriffen zu entdecken, in ihren Schlagworten und ihrem Satzbau.

Gerade weil es sich bei *LTI* um das »Notizbuch eines Philologen« handelt, eines akademischen Erforschers von Sprache und Literatur, vermögen seine Notizen etwa in der Lektüre historischer und literaturwissenschaftlicher Abhandlungen nationalsozialistischer Akademiker die ideologischen Grundlagen des völkisch-rassistischen Denkens freizulegen und aus linguistischen und literaturkritischen Beobachtungen zu den Büchern Hitlers und Rosenbergs satirische Porträts der Verfasser abzuleiten, deren intellektuelle Dürftigkeit und moralische Erbärmlichkeit sich in ihren Schreibweisen verrät. Die bescheiden so genannten »Notizen« sind Meisterleistungen des wissenschaftlichen Schriftstellers, des unfreiwillig als Privatmann schriftstellerisch arbeitenden Wissenschaftlers Klemperer – und sie sind die schärfste Reaktion auf den Entzug seiner akademischen Stellung, der ihm zu Gebote stand. Wer verstehen will, wie der Faschismus sich leise in den Alltag einschlich und lautstark in ihn einmarschierte, wie er große Brüche in elementaren Lebensverhältnissen erzeugte und kleinste Haarrisse im nachbarschaftlichen Umgang, in Familienverhältnissen und in der intimen Selbstwahrnehmung, wie er Köpfe berauschte und verdrehte, wie er Redeweisen manipulierte und Diskurse verschob – wer das verstehen will, findet in Klemperers Aufzeichnungen Erkenntnisse, deren Geltung weit über seine Zeit hinausreicht.

Die gespenstische Wiederkehr des Gleichen: Kontinuitäten

Victor Klemperer, zur Welt gekommen als Sohn eines Rabbiners der Berliner Reformgemeinde, im Jahr seiner Promotion zum christlichen Glauben konvertiert, in der Weimarer Republik Anhänger der liberalen »Freisinnigen«, 1945 nach langem Zögern der KPD beigetreten, weil er nur bei ihr (so schrieb er in seiner Antragsbegründung) »den ganz unverklausulierten Willen« zur Beseitigung »der geistigen Reaction« sah – er war lebenslang ein aufgeklärter Humanist. Zuerst die französische, dann auch die deutsche Aufklärung beschäftigten ihn intensiver als die Bibel und als Marx' und Engels' *Kommunistisches Manifest.* Seit seiner Habilitationsschrift über den französischen Aufklärer Montesquieu bildete für ihn das europäische 18. Jahrhundert die Grundlage seines Verständnisses der Moderne. In Voltaires kritischem Verstand, Molières satirischer Komik, Diderots funkelnder Argumentationskunst und Rousseaus schwärmerischer Vernunftkritik sah er die Konflikte seiner Gegenwart vorgeformt und auf eine verfremdende Distanz gebracht, die der Erkenntnis der großen Linien und der grundlegenden Argumente ebenso zugutekam wie der Klärung des eigenen Standorts. Auch wenn Klemperer gewiss kein im engeren Sinne religiöser Mensch war, so galt sein Respekt doch entschieden den jüdischen, den christlichen und den humanistischen Traditionen der Jahrhunderte. Seine Empfindlichkeit gegenüber dem Missbrauch, den die Sprache des Dritten Reiches mit der (so sein eigener Ausdruck) »Sprache des Glaubens« trieb, zeigt diese Achtung ebenso wie den Abscheu vor dem neuheidnischen Volks- und Rassenkult des Nationalsozialismus.

Der deutsche Aufklärer Klemperer war ein überzeugter Europäer. Studiert hatte er Germanistik und Romanistik in Berlin und München, Genf, Paris und Rom. Seine erste Stelle als akademischer Lektor bekam er 1915 an der Universität Neapel, wo er Benedetto Croce (1866–1952) kennenlernte; von dort aus ging er als Kriegsfreiwilliger in die deutsche Reichswehr und in einen Krieg, aus dem er als Pazifist zurückkehrte. Schon in der Weimarer Republik publizierte er, während und neben seiner wissenschaftlichen Karriere, Artikel und Essays im Geiste eines demokratischen, entschieden für die Gleichberechtigung eines selbstbewussten Judentums eintretenden Humanismus. Nach den Nürnberger Rassegesetzen vom September 1935 wurde ihm als einem »Angehörigen rassefremden Volkstums« seine Professur durch Versetzung in den vorzeitigen Ruhestand und zwangsweise Fabrikarbeit entzogen; als Zwangs-Privatier lebte er nun mit seiner Frau in Dölzschen bei Dresden. Der Umstand, dass seine Ehefrau keine Jüdin war, hatte Victor Klemperer eine Zeitlang relativen Schutz gewährt. 1940 aber wurden Victor und Eva Klemperer dann zum ersten Mal in ein »Judenhaus« gepfercht. Das tägliche Leben in Stadt und Dorf, die zunehmend bedrängende

Stigmatisierung, schließlich die gewaltsame Ausgrenzung gehören zum Geschehenshintergrund der Aufzeichnungen in *LTI*.

Dass die Klemperers in den Wirren nach dem Luftangriff auf Dresden im Februar 1945 fliehen konnten, rettete ihnen das Leben. Unter falschem Namen (dem im Pass leicht aus »Klemperer« zu fälschenden »Kleinpeter«) überstanden sie das Ende des Dritten Reiches. Noch im Jahr 1945 gaben die sowjetischen Behörden Victor Klemperer seine Professur zurück; Lehrtätigkeiten in Greifswald und Halle folgten. Klemperer wurde ein gleichermaßen solidarischer und kritischer Bürger der Sowjetischen Besatzungszone, dann der aus ihr hervorgehenden DDR. Von 1950 bis 1958 gehörte er der Volkskammer an, als Abgeordneter des »Kulturbundes der DDR«; seit 1954 war er Mitglied der Akademie der Wissenschaften der DDR. Sein Hauptwerk, die Literaturgeschichte der französischen Aufklärung, konnte er endlich abschließen; in zahlreichen Aufsätzen und Vorträgen, Lesebuchausgaben und kulturkritischen Essays vermittelte er mit allen Kräften den Geist dieser aufgeklärten und toleranten Humanität.

Und er führte auch während dieser Zeit weiter sein Tagebuch, als unbestechlicher Beobachter auch der neuen Verhältnisse in einer Republik, deren zunehmend stalinistische Repressionen ihn zuweilen veranlassten, von einem »Quartum Imperium« zu sprechen und manchmal Stoßseufzer zu notieren wie diesen, am 8. November 1945:

> Schauderhaft die *Identität* der *LTI* und der *LQI*, des sowjetischen und des nazistischen, des neudemokratischen

und des Hitlerischen Liedes! Das drängt sich von Morgen bis Mitternacht überall auf und durch! In jedem Wort, jedem Satz, jedem Gedanken ... Unverhülltester Imperialismus der Russen![1]

Schon während der Fertigstellung des Manuskripts Ende 1946 beunruhigte Klemperer die Beobachtung, dass mit dem militärischen Sieg über den Faschismus die Denkmuster und Redeweisen, die ihn ermöglicht und am Leben gehalten hatten, nicht einfach verschwinden würden, auch mit einem obrigkeitlich verordneten Antifaschismus nicht. Schlimmer noch: Er erkannte in manchen Rede- und Handlungsweisen dieses Antifaschismus selbst die von den (sich als Antifaschisten immun fühlenden) Redenden nicht bemerkte Fortdauer autoritärer Muster unter veränderten Vorzeichen. Als »Kindheitsmuster« hat Christa Wolf, geboren in derselben Stadt wie Klemperer und Mitglied derselben Partei, sie 30 Jahre später im Blick auf dieselben Phänomene rekonstruiert. Als *Gewohnheiten, noch immer* hat Brecht sie 1953 in den *Buckower Elegien* beschrieben:

> Die Teller werden hart hingestellt.
> Dass die Suppe überschwappt.
> Mit schriller Stimme
> Ertönt das Kommando: Zum Essen!

1 Victor Klemperer, *Und so ist alles schwankend. Tagebücher Juni bis Dezember 1945*, hrsg. von Günter Jäckel, Berlin 1995, S. 176.

> Der preußische Adler:
> Den Jungen hackt er
> Das Futter in die Mäulchen.[2]

Klemperer verfolgte aufmerksam und nicht ohne Hoffnung auf Besserungsmöglichkeiten, wie der Versuch eines sozialistischen Aufbaus die Abrechnung mit dem Faschismus auf die Etablierung eines nicht minder autoritären Staats- und Stalinkultes verschob. Im Tagebuch kommentiert er am 18. September 1945 einen Radiovortrag über

> Lehrlinge, die an zwei Nachmittagen der Woche »weltanschaulich geschult« werden. Wie oft ich »Ausrichtung«, »Einsatz«, »kämpferisch« zu hören bekomme, ist gar nicht zu sagen. Jetzt fehlt nur noch »fanatisch«. [...] Stalins Bild in Uniform mit Orden, wie er riesengroß am Albertplatz *[in Dresden]* paradiert, weiter die ständigen Paraden und das sonstige militärische Brimborium der Alliierten in Zeitung und Rundfunk: so lebt man den Deutschen Antimilitarismus vor, so bewerkstelligt man ihre »Umerziehung«. (*LQI*)[3]

Solche Einsichten in die gespenstische Wiederkehr des Gleichen werden möglich, wo Sprache nicht auf Wörter und Begriffe reduziert, sondern als Teil gesellschaftlicher Praktiken gehört und gelesen wird. Gerade weil Klemperer sie situationsbezogen wahrnimmt, in den erzählbaren

2 Bertolt Brecht, *Werke. Große kommentierte Berliner und Frankfurter Ausgabe*, Bd. 12, Berlin / Weimar / Frankfurt a. M. 1988, S. 307.
3 Klemperer, *Und so ist alles schwankend* (s. Anm. 1), S. 135.

Zusammenhängen gelebter Wirklichkeit, kann er die Sprache in ihren performativen, pragmatischen, diskursiven Bezügen begreifen, in ihren narrativen, psychologischen und sozialen Kontexten.

LTI heute lesen: Klemperer und die neue Rechte

Klemperers erzählendes, analysierendes, räsonnierendes »Notizbuch« auseinanderlegen zu wollen in die einzelnen Fäden, die das Gewebe ausmachen, kann nicht ohne Beschädigung des Ganzen abgehen. Und doch wird genau dies im hier vorliegenden Bändchen versucht. Legitimieren lässt sich ein solcher Eingriff nur durch den Autor selbst. In denselben Monaten und Jahren, in denen *LTI* zu einem Klassiker der sprachkritischen Abrechnung mit dem Dritten Reich avancierte, hat Victor Klemperer keine Mühe gescheut, in Reden und Vorträgen die Beobachtungen und Einsichten, um die sein Buch kreist, immer neuen Auditorien zu vermitteln. Er hat vor Studierenden und vor Arbeitern gesprochen, vor wissenschaftlichen Kollegen, vor Abgeordneten und vor Schulklassen. Sein Wunsch war es, nach Kräften zur Überwindung dessen beizutragen, wovon sein Buch erzählte. Diesem Ziel dient auch die hier vorliegende Auswahl von Passagen, in denen es im engeren Sinne um Sprachanalyse und Sprachkritik geht.

Einzelne Beobachtungen und Reflexionen herauszulösen, fällt insofern nicht schwer, als der Tagebuchcharakter der Aufzeichnungen von vornherein anekdotische und aphoristische Darstellungsformen bevorzugt. In sich geschlossene Teile wie die »statt eines Vorwortes« geschriebene Studie über wahren und falschen Heroismus oder das Kapitel »Der Stern«, der ins gedankliche Zentrum des Buches führt, werden hier ungekürzt wiedergegeben. Aus den Tagebuchnotizen über das Jahr 1933 ließen sich ohne Brüche diejenigen zusammenstellen, die sich im engeren Sinne mit dem Wandel des öffentlichen Sprachgebrauchs befassen. In den längeren Ausführungen über die parareligiösen Züge der NS-Sprache, über Interpunktionsprinzipien oder Namengebung lassen sich Kürzungen vornehmen, die den sprachkritischen Gedankengang schärfer konturieren. Dennoch muss eine Auswahl einzelner sprachkritischer Überlegungen oft genau jene Zusammenhänge des Erlebten kappen, die zum Konzept von *LTI* gehören und die zur Strahlkraft des Werkes wesentlich beitragen. Darum kann auch die plausibelste Auswahl am Ende immer nur auf die Ermutigung hinauslaufen, Klemperers *LTI* ganz zu lesen: als das in seiner kaleidoskophaften Struktur kohärente literarische Werk, als das es in die Geschichte der deutschen Literatur eingegangen ist.

Anlass für diese Auswahl gaben die gegenwärtigen Auseinandersetzungen um die Sprache einer neuen Rechten, die dem alten Faschismus oft beunruhigend nahekommt. (Ich verweise hier auf meinen in dieser Reihe erschienenen Essay *Was heißt hier »wir«? Zur Rhetorik der parlamentarischen Rechten.*) Wer heute die politische Sprachkritik in *LTI* wiederliest und mit Reden und Artikeln der neuen Rechten abgleicht, wird zuerst mehr Unterschiede als Gemeinsamkeiten finden. Die Aufwertung des »Fanatismus«, des »Heroischen«, des »Einsatzes« scheint in Texten von Götz Kubitschek bis zu Björn Höcke und Alexander Gauland weitgehend verschwunden; umgekehrt kennen die von

Klemperer glossierten Sprechweisen Schlagworte wie »Umvolkung« und »Durchrassung« noch nicht. Die antisemitischen Hassbilder, in denen Klemperer den ideologischen Kern des Nationalsozialismus erkennt, scheinen bei Alice Weidel oder Jürgen Elsässer gegen antimuslimische Stereotypen ausgetauscht.

Und doch zeigt der Vergleich auf den zweiten Blick die entsetzliche Beharrungskraft der Denkschemata und Sprachmuster, die sich in Judenhass und Muslimhass, im heroischen Fanatiker und im kampfbereiten Verteidiger der »white supremacy« als zwei Varianten desselben Typus realisieren und die hier wie dort die kollektive Identität eines »wir« erst aus der hasserfüllten Negation des jeweils Anderen erzeugen und stabilisieren können. Die Lektüre von Klemperers Analysen erschwert einfache Kurzschlüsse; eben darum erleichtert sie die Erkenntnis unheimlicher Kontinuitäten. Klemperer liefert wesentlich mehr und anderes als nur eine kommentierte Liste böser Wörter. Er legt die Matrix der faschistischen Grammatiken frei.